Merchandising.

Produkt- und Konsumgüter

für die Kleinkindphase.

Georg Herter

Merchandising.

Produkt- und Konsumgüter

für die Kleinkindphase.

Bibliografische Information der Deutschen Nationalbibliothek:
Die Deutsche Nationalbibliothek verzeichnet diese Publikation
in der Deutschen Nationalbibliografie; detaillierte bibliografische
Daten sind im Internet über *dnb.dnb.de* abrufbar.

„Herstellung und Verlag:
BoD – Books on Demand, Norderstedt".
ISBN: 978-3-7494-6900-0

Einleitung

Das Merchandising und das Licensing
Der betriebswirtschaftliche Aspekt des Merchandising

Das Licensing
Die Vertragsformen des Merchandising und des Licensing
Der Unterschied zwischen Merchandising und Licensing
Die Vergabe von Lizenzthemen
Der Lizenzvertrag
Der Styleguide
Die Formen des Licensing

Das Merchandising und seine Anwendung
Das Merchandising und die Unternehmen
Das Merchandising in der Film- und Fernsehindustrie
Das Merchandising und die Kinderkultur
Das Lizenzthema und die Kinderprodukte

Die Vermarktungstrategie der Kleinkindphase
Das Merchandising
Der Aufbau der TV-Sendung
Das Rezeptionsverhalten der Kinder
Die Charaktereigenschaften der Figuren
Die Attraktivität der Sendung und der Figuren

Das Spielen und das Lernen in der Entwicklung des Kindes
Das methodisch-didaktische Material
Die Figuren in den unterschiedlichen Produkten
Das geeignete Material der Figuren für die Kinder
Die Gestaltung und der Aufbau der Figuren auf den Produkten
Die Vermarktung der Lizenzprodukte

Zusammenfassung

Einleitung

Das erste Mal wurde Micky Maus am „..*18.11.1929 im New Yorker Colony Filmtheater..*"[1] gezeigt. Seitdem ist Micky Maus jedem Kind, jedem Jugendlichen und jedem Erwachsenen auch heute noch bekannt. Welchen vergleichbaren Bekanntheitsgrad und Stellung hat, z.B. ein bekannter Politiker, Künstler oder Wissenschaftler, der in der gleichen Zeit, in der Micky Maus das erste Mal in die Öffentlichkeit trat, der genauso bekannt war und in der Öffentlichkeit wirkte, im Bewusstsein und in der Erinnerung eines Erwachsenen heute? Sofern er nicht, z.B. durch eine bestimmte öffentliche Leistung oder durch eine wissen-schaftliche Veröffentlichung, das gesellschaftliche Leben oder die Wissenschaft revolutionierte, ihr neue Wege und Richtungen eröffnete, die jedem in der Erinnerung und im Bewusstsein bleiben. Ein Fachmann oder ein Interessent setzt sich mit dieser Person, seiner Zeit in der er lebte, wirkte und in der Öffentlichkeit bekannt war, z.B. durch Büchern oder durch Filme, auseinander, er erinnert sich an sie und sie ist ihm bewusst. Wann und wo trifft man einen solchen bekannten Politiker, Künstler oder Wissenschaftler, abgesehen z.B. in der Bibliothek, im Archiv oder im Film, wenn er verstorben ist.
Micky Maus und die anderen Lizenzthemen sind zeitlos, allgegenwärtig, sie sind bekannt, im Bewusstsein eines jeden Menschen, sie sind überall anzutreffen, selbst am Kiosk nebenan, im Supermarkt um die Ecke, an einem Fahrzeug bzw. auf oder in einem Produkt im Kaufhaus. Sie sind leicht zu erhalten und man kann sich leicht an sie erinnern.
Das Lizenzthema, in seiner Ausprägung, mit seinem Inhalt, seinem Stellenwert und seiner individuellen Beziehung zum Rezipienten, sind bekannter als z.B. ein Politiker, ein Künstler oder ein Wissenschaftler, die in einem bestimmten Zeitraum leben, wirken und in der Öffentlichkeit bekannt waren bzw. sind, sofern es sich dabei nicht um eine Erscheinungsform des Licensing handelt.
Micky Maus und die anderen Lizenzthemen sind in fast allen Lebensbereichen des Menschen, auf der Tasse, auf einem T-Shirt etc., selbst in der Bibliothek, im Archiv oder im Film anzutreffen und es gibt für jede Altersgruppe ein passendes Produkt mit einem Lizenzthema.

Der Bekanntheitsgrad eines Lizenzthemas hängt unter anderem, mit der Ökonomie, der Industrie, dem vorherrschenden technischen Standard, dem Angebot der Produktdiversifikation, dem Marketing, dem Merchandising und dem Licensing zusammen. Der Bekanntheitsgrad, der Imagetransfer, der Qualitätsstandard und sein geeignetes Produkt, auf dem ein Lizenzthema auf oder in unterschiedlichen Produkten ab-gebildet wird, hängen zusammen, damit ein Lizenzthema weltweit be-kannt wird.

Die Teletubbies waren seit ihrem Start am 10.03.1997 im britischen Kinderfernsehen und seit dem 28.03.1999 im deutschen Kinderkanal zu sehen. Die Sie waren sowohl in Großbritannien, in Deutschland und in anderen Ländern auf der Welt, ein viel diskutiertes Thema und viele Menschen haben darüber geschrieben. Dies hängt unter anderem mit ihrem Inhalt, der Zielgruppe und den Begleitprodukten zusammen. Seitdem die Teletubbies in der Öffentlichkeit erschienen sind, sind sie bekannt geworden. In der gleichen Zeit sind auch reale Personen in der Öffentlichkeit bekannt geworden. Es wäre bestimmt interessant zu untersuchen und zu vergleichen, wer bei den Großen und bei den Kleinen stärker im Bewusstsein und in der Erinnerung vorhanden ist, die Teletubbies oder die realen Personen ?

Die Teletubbies sind bekannt, bei den Großen und bei den Kleinsten und es durchzieht faßt alle Altersgruppen.

Von den einen werden sie geliebt, sie sind von ihnen begeistert, fasziniert oder angetan. Von den anderen werden die Teletubbies abgelehnt, als negativ und ungeeignet für die Kinder, aufgrund ihres Inhaltes, bewertet.

Eines steht aber fest, die Teletubbies sind weltweit durch die ausgestrahlte Sendung in der Öffentlichkeit, durch die Medien und durch die Merchandising-Produkte bekannt. Sie ziehen ihre Produkte nach sich, wo sie dann in den Kaufhäusern angeboten werden und dem Endverbraucher freundlich und lächelnd zuwinken. Auch die Teletubbies und deren Produkte, sind selbst am Kiosk nebenan bzw. auf oder in einem Produkt in einem Kaufhaus anzutreffen.

Auf den folgenden Seiten wird erstens auf das Merchandising, sowie das Licensing an sich und zweitens auf die

Vermarktungsstrategie der Teletubbies eingegangen.

Der erste Teil beinhaltet unter anderem einen Einblick z.B. in die Vernetzung, das Wirken, die Anwendungen und die Formen des Merchandising und des Licensing. Dieser Teil war im Vergleich zum zweiten Teil einfacher zu gestalten, da ich geeignetes Material für die inhaltliche Gestaltung und den Aufbau gefunden habe.
Die TV-Sendung hat viele Aspekte und Meinungen hervor-gebracht, wie z.B. ob es gut sei, dass Kleinkinder schon fernsehen sollten, dass es schon Merchandising- und Lizenzprodukte für Kleinkinder gibt, ob der dargestellte und vermittelte Inhalt für die Kleinkinder geeignet sei etc..

Der zweite Teil behandelt das Thema die Teletubbies, wie man methodisch-didaktisch mit pädagogisch-psychologischen Lehr- und Lerninhalten aus der Kleinkindphase, der 0 bis 5 Jährigen, in eine TV-Sendung und in Merchandising- und Licensingprodukte der Produkt- und Konsumgüterindustrie umsetzen kann.

Wie schließt man mit methodisch-didaktischen Lehr- und Lerninhalten, eine Marktlücke (Kleinkindphase), die bisher offen war und Bedürfnisse für eine Zielgruppe erschließt, die zwar nicht Zahlungskräftig ist, aber deren Bedürfnisse ein hohes Potential für die zahlungskräftigen Eltern und Erwachsenen hat ?

Es gibt Einblicke in das weltweite Merchandising und des Licensing an diesem Beispiel. Er behandelt ihren weltweiten Erfolg und ihren Bekanntheitsgrad, die TV-Sendung, den Aufbau und die Gestaltung der Sendung. In diesem Abschnitt konzentrierte ich mich auf den Zusammenhang von der Sendung, von ausgewählten Konsumgüterprodukten, der darin enthaltenen, vorhandenen und vermittelten Lehr- und Lerninhalten.
Viele wesentliche und inhaltliche Hinweise zu den Teletubbies stammen von Unterlagen und Materialien, die ich aus Zeitungen, Zeitschriften, Magazinen, Internetseiten und Forschungsberichten zusammen gestellt habe. Deshalb sind auch sehr viele Fußnoten und Quellenangaben vorhanden. Diese sind erforderlich und notwendig gewesen, um die Autoren

nicht zu unterschlagen.

Bei meinem Schwerpunkt in der Gestaltung und dem Aufbau dieser Arbeit, konzentrierte ich mich auf die Bereiche der Charaktereigenschaften, der Attraktivität und dem didaktischen Material der Sendung, der Figuren, der Handlungen in den Geschichten und der im Handel vorhandenen Produkten, die zusammenhängen. Ich versuchte hier eine möglichst genaue Differenzierung der Figuren zu erreichen, da sie meiner Ansicht nach sehr vielschichtig sind und mit mehreren Aspekten zusammenhängen. Einige Aspekte werden deshalb in den drei Kapiteln wieder erwähnt, um sie unter einem jeweils anderem Gesichtspunkt zu sehen und zu verstehen.

Die TV-Sendung ist ein Programm, welches für die Kleinkinder konzipiert wurde, die sie verstehen. Auf den folgenden Seiten beschäftigte ich mich mit den Figuren, welche die Erwachsenen verstehen.

Das Merchandising und das Licensing

Der betriebswirtschaftliche Aspekt des Merchandising

Das Wort Merchandising *„kommt aus dem angloamerikanischen Sprachraum und bedeutet übersetzt soviel wie Warenhandel treiben und Handelsgüter verkaufen „*[2]. In den Unternehmen findet das Merchandising und das Licensing seine Anwendung in unterschiedlichen Marketing-Maßnahmen, denen keine genauen Erläuterungen zu Grunde liegen.

Definitionen Merchandising

Ist eine Bezeichnung für absatzschaffende und umsatzbeschleunigende Maßnahmen und Aktivitäten von Unternehmen, deren Maßnahmen in Verbindung mit der Warenplazierung und -repräsentation, der Warenlogistik und -wirtschaft und der Verkaufsförderung stehen. Ziel ist der maximale Absatz in den Handelsbetrieben. Weitgehend betrachtet, bezieht sich das Merchandising auf die Warenwirtschaft im Einzelhandel und ist damit im weitesten Sinne als ein Marketing-Instrument anzusehen, über dessen Art und Umfang keine Eindeutigkeit herrscht.

Aus der Sicht der Betriebswirtschaft

Das Merchandising wird als eine alternative marktpolitische Maßnahme betrachtet, die in der Marktpolitik eine Sonderform einnimmt. Kennzeichnend ist hier, dass der „...*Inhaber der Markenrechte weder Hersteller der markentragenden Produkte noch Handelsunternehmer sind.*"[3] Diese Markenrechte befinden sich auf Nebenprodukten, deren Ursprung aus den künstlerischen, filmischen, graphischen etc. Bereichen kommen. Diese Nebenprodukte kommen erst durch interessierte Hersteller und Unternehmen zu deren Einsatz. Als Marketing wird auch definiert, die Vielzahl der Einzelmaßnahmen der Hersteller, die Konzeption ihrer Produkte von der Herstellung bis zum Verkauf in den Handel. Das Merchandising ist die Vorgehensweise, „...*mit der der Handel die von ihm präferierten Produkte der Industrie in die Warenkörbe der Konsumenten befördert.*"[4]

Das Merchandising wird bei den Unternehmen in den Marketing-Maßnahmen umgesetzt und wahrgenommen. Das Merchandising befindet sich somit im Bereich für absatzschaffende und umsatzbeschleunigende Unternehmenstätigkeiten von Produkten. Es ist im weitesten Sinne ein Marketing-Instrument. Da es keine eindeutige Merchandising-Definition gibt, betrachtet man das Merchandising betriebswirtschaftlich als Maßnahme, um den Umsatz der Produkte eines Unternehmens zu fördern und zu steigern.

Der Vorteil des Merchandising ist ein hoher Bekanntheitsgrad und ein Wiedererkennungswert des Themas bei den Produkten. Durch diesen Einsatz wird der Sympathiewert des Themas erhöht, es besteht dadurch eine intensive und zielgruppengerechte Ansprache an ein potentielles Publikum. Gleichzeitig wird dadurch der Endverbraucher und seine Verbraucherbindung an ein Produkt ver-stärkt gebunden. Durch eine parallel laufende Medienpräsenz im Merchandising wird die Produktumsetzung unterstützt, die Bekanntheit des Themas steigt und es entsteht ein konkreter Kaufanreiz.

Das Licensing

Die Vertragsformen des Merchandising und des Licensing.
Es gibt unterschiedliche Formen über den Inhalt und den
Ausmaß vom Merchandising – Licensingvertrag, in der
juristischen Literatur, „....*im Gesetz ist der Begriff explizit nicht
fixiert.*"[5] Aufgrund der verschiedenen Bereiche, in denen
Merchandising - Licensingvertäge abgeschlossen werden,
befinden sich nachfolgend typische Ansätze, die im
Merchandising bzw. Licensing angewendet und umgesetzt
werden.

a) die umfassende Definition:
Verwertung aus der Literatur und der Kunst.

b) die lizenzgegenstandsbezogene Definition:
Personality Licensing und Character Licensing.

c) die branchenspezifische Definition:
Vermarktungsrechte von Film-, Fernseh- und Videoproduktionen

d) die rechtsgebietsspezifische Definition:
urheberrechtliche Werksverwertung[6]

Der Unterschied zwischen Merchandising und Licensing

Zum Merchandising gehören sämtliche Maßnahmen der Absatz-
förderung. „*Dazu gehören ..sogenannte Werbemittel und Streu-
artikel..., die das Markenzeichen des Hauptproduktes tragen und
ohne Gewinnerzielung verschenkt bzw. zum Selbstkostenpreis
im Umlauf gebracht werden, mit dem Ziel, eine Marke bekannt
zu machen.*" [7] Merchandising ist das profitorientierte und
verkaufs-fördernde Instrument, während durch die Vergabe von
den Nut-zungsrechten an Dritte, der Lizenzgeber eine profitable
Einnahme-quelle erhält.
Das Licensing ist die „*...Befugnis, das...Recht eines anderen
(partiell oder insgesamt) gewerblich zu benutzen ...im Urheber-,
Patent-, und Gebrauchsmusterrecht...mit der vertraglich fixierten
Erlaubnis zur Nutzung von Urheberrechten ...
mit...verbundenen... Planungen und Handlungen des
Lizenzgebers.*"[8] Somit befindet sich das Licensing auf der

kommerziellen und gewinnorientierten Seite der Nutzung einer Popularität, bei der Lizenzvergabe. Die Ziele bei der Vergabe sind es, die Produkte der Firmen bzw. der Marken auf der emotionalen Ebene aufzubauen und gleichzeitig den Absatzmarkt und den Umsatz des Unternehmens zu steigern.

Die Vergabe von Lizenzthemen

Die Nutzung und die Verwertung von Lizenzen basiert auf der Vergabe von Rechten von Seiten des Lizenzgebers. Bei der Vergabe des Lizenzthemas achtet der Lizenzgeber darauf, daß das Lizenzthema an geeignete Unternehmen (Produktionszweige) vergeben wird, die aufgrund ihres vielfältigen Produktangebotes, ihr Produkt an ein breites Käuferpotential anbieten kann. Der Erfolg eines Lizenzthemas basiert auf der breiten Produktdiversifikation im Absatzmarkt.
Beim Lizenzthema handelt es sich um die konkreten Rechte von *„...Film- und /bzw. Fernsehrechte an Realserien oder Zeichentrick, Rechte an Zeichnungen und Motiven etc..."* [9]

Der Lizenzvertrag

Die Basis dafür ist der Lizenzvertrag der Parteien, des Lizenzgebers und des Lizenznehmers, in dem die rechtlichen Belange und die finanziellen Modalitäten (z.B. die Lizenzgebühr) der Vertragsparteien enthalten sind. Die Lizenzen werden in Kombinationen, bestehend aus Urheber-, Namens-, Persönlichkeits-, Marken- und Wettbewerbsrechte, der Rechte am eigenen Bild, Leistungsschutz und Geschmacksmuster, vergeben. Es existieren keine gesetzlichen Regelungen bezüglich der Lizenzverträge, dies bleibt den Vertragsparteien überlassen. Der Lizenzvertrag legitimiert das Nutzungsrecht für das Lizenzthema, es wird aber nicht das Urheberrecht des Lizenzgebers übertragen. Beim Vertragsabschluss fungiert eine Lizenzagentur zwischen dem Lizenzgeber und dem Lizenznehmer. Die Parteien haben bei der Vertragsabschließung unterschiedliche Ziele.
Beim Lizenzgeber ist es das Ziel, daß das geistige Erscheinungsbild (das Lizenzthema) unter kommerziellem Aspekt bekannter wird und von dem Lizenznehmer unter

anderem eine Lizenzgebühr und eine Garantiesumme erhält. Beim Lizenznehmer ist es das Ziel, das geistige Erscheinungsbild in bestimmten Produkten zu konkretisieren und zu produzieren, um da-durch einen höheren Bekanntheitsgrad des Lizenzthemas zu erreichen. Gleichzeitig dient es zur eigenen wirtschaftlichen Verwertung von Waren, Dienstleistungen, der Verkaufsförderung und der Werbung.

Der Styleguide

Neben der Vergabe von Nutzungsrechten an den Lizenznehmer, erfolgt von Seiten des Lizenzgebers eine strenge Kontrolle des Lizenzthemas auf die Produkte. Die Kontrolle beinhaltet ein aufwendiges Prüfungsverfahren, damit ein einheitliches Erscheinungsbild des Lizenzthemas aufrechterhalten wird. Dabei legt der Lizenzgeber Wert auf speziell ausgewählte Hersteller und auf deren Produkte. Diese Produkte unterliegen einer strengen Kontrolle, damit das Lizenzthema nicht verfälscht wird. Der Lizenzgeber stellt dem Lizenznehmer einen Styleguide zur Verfügung, aus dem die Proportionen, die Schriftproben, die Farbskalen, die Charakterbeschreibung, etc. zu entnehmen sind. So legt z.B. die Firma Walt Disney Company Wert auf bestimmte Unternehmen und kontrolliert streng deren Produkte (Lizenzprodukte), „...damit die Figuren nicht verfälscht oder mit einem anderen unpassenden Disney-Image wiedergegeben werden."[10] Der Lizenznehmer hält sich an spezielle Richtlinien und Materialien, die vom Lizenzgeber vor-gegeben sind und läßt ihm ein Produktmodell zukommen, welches der Genehmigung unterliegt. „Speziell im Printsektor ist es häufig so, daß manche Urheber die totale Kontrolle über das Artwork behalten wollen und keine Zeichnungen erlauben, die sie nicht selbst angefertigt haben." [11] „Ob auf dem Print- oder einem an-deren Sektor versteht es sich von selbst, daß jedes geplante Nebenprodukt vor Beginn der Serienproduktion zum Aproval, zur Genehmigung, vorgelegt werden muß. Und nach Herstellung sind sogar Belegexemplare auszuhändigen." [12]

Die Formen des Licensing

Es gibt eine Vielfalt von Erscheinungsformen im Licensing, die durch bestimmte Merkmale bei den Lizenzen zu differenzieren sind. Dabei können sich verschiedene Kriterien überschneiden oder eine Lizenz trifft dabei auf mehrere Kriterien zu. Die Formen des Licensing geben in der Praxis dabei einen Wegweiser.

1. Formale Grundlage des Licensing (Licensing-Gegenstand):
- reale Personen und fiktive Figuren.
- Namen, Titel und Zeichen, Logos, Etiketten, etc.
- Ausstattungselemente, Design, Dekoration, Bilder, etc.

2. Inhaltliche Grundlage (Licensing-Form), Unterscheidung in Reinformen des Licensing:
- Personality Licensing, Character Licensing
- Brand Licensing und Event Licensing

3. Mischformen des Licensing:
- Designer Licensing, Art Licensing,
- im Bereich von Sport, TV, Movie und, Musik.

4. Mediale Präsenz des Themas im:
- TV, Kino, Radio, und Print.

5. Produktbereiche der Lizenznutzung in:
- Publishing & Stationary, Toys & Games
- Food & Promotion, Textiles & Accessories
- Home & Living und Audio & Video [13]

Bei der Umsetzung von Lizenzen kommt es auf unterschiedliche Formen von Produkten an, die in verschiedenen Branchen realisiert werden. Es werden Gebrauchs- und Verbrauchsgüter hergestellt, auf denen das Erscheinungsbild des Lizenzthemas abgebildet ist. Die Güter enthalten äußerlich einen ästhetischen Stellenwert und heben einen emotionalen Erlebniswert hervor.

Zu diesen Produktbereichen gehören die Textil- und Accessoirebranche, die Papier- und Geschenkindustrie, das Verlagswesen, die Sportartikel- und die Spielwarenbranche, die Nahrungs- und die Genußmittelbranche sowie die Gesundheits- und Kosmetikbranche.

Zum Publishing & Stationery gehören Produkte aus dem Verlagswesen.

Hier treten Verlage als Lizenzgeber und Lizenznehmer auf. Innerhalb dieses Bereiches gehören zum Stationery Produkte wie z.B. Bleistifte, Schreibwaren, Stickeralben etc.

Bei Toys & Games werden Lizenzen an die Spielwarenbranche vergeben.

Im Textiles & Accessoires zählen Produkte aus dem Textil und dem Bekleidungsbereich.
Alles was sich in der Wohnung befindet, gehört zu Home & Living, z.B. Porzellan, Beleuchtung, Möbel, Badezimmerzubehör, Bettwäsche, etc..

Food & Promotion beinhaltet die Vermarktung von Nahrungs- und Genussmittel, auf denen das Lizenzthema abgebildet ist und eine Beziehung zum Produkt und zum Endverbraucher herstellen. Gleichzeitig wird das Lizenzthema als kommunikatives Werbemittel eingesetzt.

Audio & Video sind Produkte aus dem Audio-, Video-, und dem Multimediabereich.

Die oben aufgeführten Lizenzprodukte erscheinen im Absatzmarkt mit dem Lizenzthema. Nun werden diese „*Lizenzprodukte impulsiv - und eben nicht geplant - gekauft. Das Lizenzprodukt befriedigt emotionale Bedürfnisse nach Identifikation, Unterhaltung und Spaß. Zwischen den verschiedenen Lizenzprodukten sollen Synergieeffekte wirksam werden, die neue Kaufimpulse kreieren. Mit andere Worten: Ob der Konsument ein T-Shirt, eine Bettwäsche oder sogar beides kauft, ist in erster Linie eine Frage der aufmerksamkeitsstarken Präsentation.*" [14]

Das Merchandising und seine Anwendung

Das Merchandising und die Unternehmen

Das Merchandising ist in den Unternehmen zu einem Spezial-
gebiet geworden und hat an Wichtigkeit zugenommen. Im
Zentrum handelt es sich um die Umsetzung von Lizenzthemen,
die keinem Alterungsprozeß und keiner eigendynamischen
Entwicklung unter-liegen. Bei der Anwendung und der
Verbreitung von Lizenzthemen, beinhaltet dies die
Vervielfältigung und die Ausweitung von Lizenzthemen in einer
strategisch-organisierten und ökonomischen Gesamtheit. Als
strategischer Bestandteil wird Merchandising in den Bereichen
wie z.B. der Medien- und Unterhaltungsbranche, der Industrie
oder in der Kinderkultur behandelt und an-gewendet. Das
Merchandising weist eine Verflechtung in ökonomische, mediale
und kulturelle Bereiche auf, die eng miteinander verbunden sind.

In den Medien werden Lizenzthemen verwendet, die Botschaften
nach außen transportieren. Die Lizenzthemen werden aus ihrem
ursprünglichen Zusammenhang heraus gelöst, und erhalten
durch die unterschiedlichen Produkte neue Wirkungs- und
Erscheinungsmöglichkeiten, die sie vorher nicht hatten. *„Im
engeren Sinne ist Merchandising ein Zusatzgeschäft der
Medienbranche, um geistige Erzeugnisse ..in verschiedenen
Bereichen zu konzentrieren und zu produzieren, daß sie als
Begleitware verkauft werden können und zugleich wieder ...für
das Ausgangsprodukt werben."*[15]

Lizenzthemen werden besonders in der Marken- und
Konsumgüterindustrie angewendet und umgesetzt.
Als Transferinstrument von Lizenzthemen basiert das
Merchandising im Bereich für Präsentationszwecke, hier zwei
Beispiele:

1. Ein Lizenzthema wird speziell für ein Produkt kreiert, das Thema soll
einen positiveren und einprägsameren Bezug zum Produkt herstellen,
als *„...ein Firmen- oder Markensignal ...und sich speziell an die
Zielgruppe der Kinder richtete..."*[16]

2. In der Bevölkerung sind akzeptierte und beliebte Lizenzthemen auf Gegenständen abgebildet und zur Verkaufsförderung von Produkten im Bereich der Werbung realisiert. *„So sind die Zeichentrickfiguren Tom und Jerry auf verschiedenen Produkten abgebildet... Zusätzlich finden Werbeaktionen mit den Mediencharakteren statt: Opel setzt die Figuren für die Werbung des Opel Corsa ein,... "*[17] Bei diesem Beispiel stützt sich die Werbepraxis auf Film- und Fernsehproduktionen, deren Werbung außerhalb des Programms stattfindet, aber einen Bezug zum Programm herstellt. Der Imagetransfer ist beim Merchandising relevant, um das Lizenzthema auf andere Produkte aufzubauen und zu über-tragen. Durch die vermehrte Vergabe eines Lizenzthemas werden vielfältige Industriebereiche angesprochen und dies steigert die Unterschiedlichkeit der Produkte. Die Produkte, die dabei eingesetzt werden, variieren in ihrer Funktion und sind beliebig. Die Funktion des Merchandising liegt im Aufbau einer kommerziellen Infrastruktur von Netzen, die eine breite Vermarktungsmöglichkeit und Strategie ermöglicht und beinhaltet.

Das Merchandising in der Film- und Fernsehindustrie

Die Konsumprodukte, die in den unterschiedlichen Bereichen auftreten, erscheinen als Lizenzprodukte zum eigentlichen Programm und werben damit. Sie dienen gleichzeitig auch als Ausgangsprodukt.

Im Jahre 1930 wurde Micky Maus als Comicstrip umgesetzt und später in Buchform heraus gegeben. Damit sich der Absatz erfolgverspre-chend lohnte, erschien das Lizenzthema auf unterschiedlichen Alltags-gegenständen und wurde darauf abgedruckt. *„... Walt als auch ...Roy Disney waren immer von der Notwendigkeit dieses Merchandising-Geschäftes überzeugt, denn sie sagten sich, wenn jemand eine Micky Maus – Stoffpuppe auf dem Regal zu Hause sitzen hat, schaut er sie sich immer wieder an, und wenn dann demnächst im Kino um die Ecke ein Micky Maus-Film läuft, geht er, einfach weil seine Stoffpuppe noch in seinem Kopf präsent ist, auch eher ins Kino. "*[18]

Die Medienfigur, das Lizenzthema, bleibt einer breiten Öffentlichkeit im Bewusstsein, das besonders wichtig ist, wenn Alltagsgegenstände mit dem Lizenzthema produziert werden und auf dem Markt erscheinen. Das Lizenzthema ist in der Öffentlichkeit allgegenwärtig und kann in unterschiedlichen Produkten angewendet und umgesetzt werden. Mit dem

Aufkommen des Fernsehapparates bekam die Verbreitung von Lizenzthemen eine andere Dimension. Der Bedarf am Merchandising und dessen Entwicklung konzentrierte und vervielfältigte sich. Die eine Merchandising - Form zog andere Formen nach sich. Anfangs stammten die Lizenzprodukte, deren Lizenzthemen in den Fernsehserien liefen, aus Comic-Vorlagen. Das Fernsehen schuf eigene Serien, die die Grundlage für neue Lizenzen, Lizenzthemen und neue Lizenzprodukte nach sich zog. *„Das Merchandising von Fernsehserien steht gewiß auch in engem Zusammenhang damit, daß die Produktions-kosten der Trickfiguren relativ hoch sind...“*[19] Durch das Merchandising und den Verkauf von Lizenzprodukten wurden Kosten, die während der Produktion entstanden sind, hereingeholt. Im Zuge der Entwicklung, konstruierten Spielzeugunternehmen ein Produkt, das die Grundlage und der Aufbau von neuen Geschichten bildete.

Aufgrund des absatzfördernden Aspektes und der gleichzeitig steigernden Popularität eines Lizenzthemas in unterschiedlichen Produktbereichen, werden z.B. TV-, Film-, und Kinoproduktionen mit- finanziert. Durch den Verkauf von Nebenrechten an Dritte, werden die eigentlichen Filmkosten verringert. *„Für die Einführung des Filmes stand ein Werbebudget von sechs Millionen Mark zur Verfügung, das nicht von Disney und Warner Bros. aufgebracht werden konnte, sondern durch das Merchandisinggeschäft mitgetragen wurde.“*[20]

Das Merchandising und die Kinderkultur

In den Kinderprogrammen werden verschiedene Lizenzthemen über das Fernsehen dargestellt und ausgestrahlt, die als kommerzielle Produkte angeboten werden. Im Zusammenwirken ihrer Intensität und ihrer Wirkung steigern die Produkte den Synergieeffekt. *„Charaktere und Motive, deren Popularität sich in einem Medium erwiesen hat, werden in ein anderes transportiert;...auf die verschiedensten Konsumgüterbereiche ausgeweitet. Durch ein Ausgangsmedium (das können auch Buch oder Presse sein) muß eine Figur...bekannt, beliebt gemacht worden sein.“*[21]

Ob auf der Decke, dem Pullover, der Müslipackung, einem Magazin, einer Zeitschrift, einer CD oder anderen Produkten,

Kinder begegnen in der heutigen Kinderkultur auf allen Produkten ihren Lieblingshelden.

Diese Lieblinge kommen aus dem Kino oder dem Fernsehen und finden ihren Platz auf Produkten in allen Lebens- und Erfahrungsbereichen der Kleinkinder und Kinder.

Alles was das Kinderherz höher schlagen läßt und es mit Freude erfüllt, gibt es zu kaufen. *„Die Heldinnen und Helden sind allgegenwärtig und in jeder Form zu haben."*[22] Diese begleiten das tägliche Leben der Kinder und erhöhen den Umsatz. Die Freude und die Beliebtheit kommt sowohl bei Merchandising-Klassiker als auch bei neuen Figuren zur Geltung. *„Selbst vor Kleinkindern macht die Vermarktung nicht halt. Die Teletubbies springen ihnen grellbunt überall ins Auge."*[23]

Die Lizenzprodukte findet man heute in allen Bereichen der Kinderzimmer und der Kinderwelt, in deren Lebens-, Lern- und Erfahrungsraum.

Durch deren Ausprägung und Gestaltung in der Umwelt des Kindes entstand eine Kulturform, die als Kinderkultur, spezieller noch, als eine Kindermassenkultur bezeichnet wird. Zu dieser Kindermassenkultur gehören sehr verschiedene, vielfältige und kontinuierlich zunehmende Lizenzprodukte, mit Themen und Symbolen, die angeboten werden. Die Kindermassenkultur gestaltet und vereinheitlicht die Erlebnis-, Bedürfnis-, Kommunikations- und Verhaltensweisen der Kinder. Diese kommerzielle Kinderkultur steht im Zusammenhang mit den Kindermedien und umfasst die Erfahrungswelt und die ganze Umwelt der Kinder. Die Medien gestalten auf eine bestimmten Art und Weise diese Kinderkultur. In der Kinderkultur entwickelten sich Produkte, die sich auf die Bedürfnisse der Kinder spezialisiert haben. Der Einfluss der Kino-, Film- und Fernsehfilme sind an der Verbreitung der Lizenzthemen beteiligt. Dieser Einfluss spiegelt sich in den Lizenzprodukten der Kinderkultur und im Erwachsenenbereich wieder.

Die wirtschaftliche Gestaltung orientiert sich an bestimmten Lizenzthemen, die auf unterschiedlichen Folge- und Konsumprodukten er-scheinen. Diese Produkte sollen in ihrer Gesamtheit ein einheitliches Warenangebot mit den Lizenzthemen ergeben und erhalten. Das Merchandising ist fließend, in dem das eine Produkt das andere Produkt fördert, 2 Beispiele:

1. Zu Beginn befindet sich im Merchandising ein Lizenzprodukt, das ein Spielzeug ist: Die Barbiepuppe *„(Toy Character Licensing)"*[24], um dieses Character-Spielzeug entwickelten sich unterschiedliche und verschiedene Zukaufprodukte, wie Zeitschriften, Kosmetika, CD-ROM, Bücher, Schokolade oder Schmuck.

2. Oder ein Lizenzthema steht am Anfang eines Medienereignisses, die Sesamstraße *„(Character Licensing)"*[25], hier war die Fernsehadaption ausschlaggebend für die weitere Entwicklung von Lizenzprodukten.

In den Medien hat das Lizenzthema und das Lizenzprodukt eine gleichwertige Stellung. Erscheint das Lizenzthema einer Serie z.B. im Fern-sehen, übernimmt dieser die Funktion des Vermittlers, des Transfers zum Zuschauer, ein. Das Fernsehen veröffentlicht die Serie und macht diese dem Publikum bekannt. Wenn die einzelnen Produkte auf dem Markt erscheinen, sind diese dem Publikum und dem Verbraucher bekannt. *„Neben den elektronischen Medien und den Printmedien mit den Erzählungen der Medienhelden treten verschiedene Produktvarianten mit Abbildungen der Figuren auf."* [26]

Es erscheinen Produkte aus den unterschiedlichsten Materialien, Plüsch, Stoff, Plastik oder Gummi und es *„..werden die Hauptfiguren aus den populären Animationsfilmen-und-Film-Serien .... an Waren unterschiedlichen Gebrauchswert geheftet, um über die ästhetische Innovation den Warenumsatz zu steigern. Es handelt sich um unverändert hergestellte Produkte, die lediglich durch Aufdruck, Aufkleben oder Aufmalen bestimmter finaler Reize .. den Schein des Neuen erhalten..."*[27]
Da es beim Merchandising um viel Geld geht, werden die Kinder als kaufkräftige Zielgruppe betrachtet und umworben, deren Wünsche und Bedürfnisse in Produkte umgesetzt werden.
Im Kino oder im Fernsehen werden die Lizenzthemen (Medienfiguren) den Kindern, durch interessante und lebhafte Geschichten nahe gebracht. Sie werben und animieren zum Kauf. Diese gekauften Produkte binden dann die Kinder wieder an die Ausgangsserien oder den Film. *„Heutige Kinderwelten*

sind auch Medienwelten, und es ist nur allzu verständlich, wenn die Stars und die Helden zu Begleiter der Kindheit werden."[28] Die Lizenzprodukte besitzen im Merchandising einen Symbolwert, um somit eine Einheit aller einzelnen Lizenzprodukte herzustellen. Der Symbolwert hängt ab vom Lizenzthema und die Identifikation basiert auf dem lizensierten Produkt.

Das Lizenzthema und die Kinderprodukte

Durch das Merchandising entsteht ein Angebot an Produkten. Es streut seine verkäuflichen Waren auf verschiedene Produkten in den Einzelhandelsläden oder in den Kaufhäusern aus. Es werden Lizenzprodukte von unterschiedlichen Artikeln verkauft, die im Grunde nicht in die Gesamtheit aller angebotenen Waren passen, aber durch deren Gestaltung, eine Beziehung zum Lizenzprodukt und Lizenzthema herstellen. Es werden Produkte und Waren in den unterschiedlichsten Formen und Erscheinungen angeboten.
Die Produkte, auf denen das Lizenzthema vorhanden ist, sollen zum Kauf anregen. Die Lizenzprodukte lenken die Aufmerksamkeit auf den Endverbraucher und steigern gleichzeitig die Attraktion. Die Produkte werden so eingesetzt, daß sie im Alltag und im täglichen Leben eine Anwendung finden, immer präsent und, *„...nicht mehr einzelne Waren auf einzelne Bedürfnisse zugeschnitten ..., sondern....ganze Bedürfniszyklen in Form von Lebenszusammenhänge organisiert...,"*[29] sind.

Mit der Umsetzung des Lizenzthemas in die Lizenzprodukte sollen im Idealfall alle Sinnesempfindungen des Konsumenten angeregt werden. Im kommerziellen Bereich sollen durch die verschiedenen Lizenzprodukte die Sinne aktiviert werden. Als erstes soll der Sehsinn und dann die anderen Sinne angesprochen werden.[30]

- *„...Sehsinn, über Film/Fernsehen/Video/Comics/Bilder auf Gebrauchsgegenstände;*
- *Hörsinn, über Tonkassetten,/Schallplatten/CDs;*
- *Tastsinn, über Figuren zum Anfassen/Spielzeug;*
- *Geschmackssinn, über Fruchtgummi/Speiseeisfiguren;*

23

- *Geruchssinn, über parfümierte Figuren;*
- *Gedächtnis, über Computerspiele, Bücher;.."[31]*

Durch diese Anwendungen soll das Lizenzthema nach außen transparent werden und die Wirkung des Synergieeffektes steigern. Die Lizenzprodukte kombinieren einen Gebrauchsartikel mit einem medienvermittelten Genuss. Gebrauchsartikel mit Lizenzthemen erhalten eine symbolische Bedeutung.

Die Stellung des Kindes zum Lizenzthema und den Produkten

Durch die verschiedenen Lizenzprodukte sind die Kinder mit den Lizenzthemen verbunden. Die Produkte unterstützen den Beziehungsaufbau zwischen den Kindern und dem Lizenzthema. Dieser Beziehungsaufbau kann unterschiedliche Formen annehmen. Die Kinder können eine individuell persönliche Sympathie zu den Figuren entwickeln, dass sich dadurch ihre individuellen Verhaltens-weisen ändern oder zu einer Identifikation mit der Figurenrolle führt. Zu den Lizenzthemen bauen die Kinder persönliche Wünsche oder private Bedürfnisse auf, die mit ihnen geteilt werden. Indem die Kinder sich an Lizenzthemen gewöhnen, entwickelt sich eine Vertrautheit. Sie möchten das Lizenzthema sehen, hören oder lesen und lernen dadurch dessen Eigenschaften auswendig.
Durch die Gewöhnung und die Hinwendung an die Lizenzthemen, nehmen die Kinder intensiv an den Medienereignissen teil, die durch Wiederholungen und den Produkten angeboten werden.[32]

Der Wiedererkennungswert des Lizenzthemas an den Kinderprodukten

Das Lizenzthema ist in der Kinderwelt anzutreffen und ermöglicht durch die Aufnahme bekannter Bilder eine Orientierungshilfe zur Erschliessung einer neuen Umgebung. Die Medienwelt bietet den Kindern die Sicherheit, die Vertrautheit und die Wiedererkennung von dargestellten Filminhalten und Szenen an. Die Medien sprechen die Kinder und regen deren gesamte Sinne an.

Das Bild macht das Lizenzthema einprägsam, es ist leicht identifizierbar und ist somit mit anderen Bildzusammenhängen zur Vermarktung geeignet. Für die Kinder ist der Wiedererkennungseffekt eines Lizenzthemas entscheidend. Die Entdeckung und das Wissen, dass es mehrere Waren gibt, auf denen das Lizenzthema enthalten ist, ist der Kaufanreiz von Lizenzprodukten. Das Warenangebot mit den abgebildeten Lizenzprodukten ist auf die emotionale Ebene ausgerichtet. Die Kombination und das Vorhandensein von vielen unterschiedlichen Lizenzprodukten und Lizenzthemen basiert auf und gewährleistet den Wiedererkennungseffekt beim Konsumenten und beim Rezipienten.[33]

Die Vermarktungstrategie der Kleinkindphase

„ „Hinter den Hügeln und keinem bekannt – hier liegt das Teletubby- Land.....", so beginnt jede Folge der Serie. Tinky-Winky, Dipsy, Laa-Laa und Po leben in einer Fantasie-Technik-Welt, dem Teletubby-Land, in einem tubbytronischen Superiglu."[34]

Jedes Teletubby hat seine eigenen Lieblingsgegenstände: Der größte von den Vieren, der violette Tinky-Winky hat seine rote Tasche, der grüne Dipsy seinen schwarz-weiß gefleckten Hut, die Laa-Laa ihren gelben Ball und die kleine Po ihren Roller.

„Über kleine TV-Bildschirme in ihrem Bauch und den Antennen auf ihren Köpfen sind sie mit der realen Welt verbunden. Um sie herum summt die Spiel-Technologie, die sie mit allem versorgt, was Teletubbies brauchen: Tubby-Toast, Tubby-Pudding, und dem pflichtbewußten Comic-Staubsauger Noo-Noo. Im Teletubby-Land ist alles liebevoll und sonnig. Die Teletubbies sind stets fröhlich, umarmen sich oft und haben eine sehr warmherzige Beziehung zueinander. Die Teletubbies haben einander sehr, sehr lieb.
Im Teletubby-Land ist alles anders. Hier gibt es Plastikblumen, die sprechen können, magische Sprechtröten, die Geräusche aus der realen Welt in den blauen Himmel hinausposaunen und einen Staub-sauger, der nicht nur aufräumen, sondern auch Bettdecken falten kann. Und mitten drin, sind die Teletubbies: Vier kleine knuddelige Figuren in Kindergröße, die man einfach

lieb haben muß. Sie bewegen sich wie Kleinkinder mit runden Windelhintern, fallen gerne hin, und sind immer fröhlich. Jedes der Teletubby hat einen Bildschirm auf dem Bauch, und jedesmal, wenn das magische Windrad sich dreht, empfängt ein Teletubby über die Antenne auf seinem Kopf einen Film. Darin zeigen Kinder Erlebnisse aus der echten Welt. Kleine Geschichten aus dem Kindergarten oder von zu Hause."[35]

Die Teletubbies – ihr Kultstatus und ihr Welterfolg

„Hinter den Hügeln und keinem bekannt – hier liegt das Teletubby-Land..." so beginnt jede Folge der Serie.
Jedes Kleinkind im Alter von 2 bis 5 Jahren kennt sie, die Teletubbies. Tinky-Winky ist violett, Dipsy ist grün, Laa-Laa ist gelb und die kleinste von den Vieren, Po ist rot. Sie leben im Tubby-Land, in einem tubbbytronischen Iglu, haben kleine Bildschirme auf ihrem Bauch, große Ohren und Antennen auf dem Kopf.
Den Kleinen ist aber auch der Tubby-Toast, der Tubby-Pudding und der Staubsauger Noo-Noo vertraut, mit dem die Teletubbies versorgt sind. Die Teletubbies sind sehr fröhlich, umarmen sich oft, schmusen gerne und haben sich lieb.
Diese Neulinge der Kleinkinder sind mittlerweile zum Kult geworden und befinden sich auf dem Weg zum Klassiker in der Geschichte des Kinderfernsehens.
Weltweit werden die Teletubbies von den Kindern geliebt. Sobald diese im Fernseher erscheinen, sitzen die Kleinen gebannt vor dem Fernseher. „Beim Kinderkanal dürften sie die bislang erfolgreichste Serie sein. Als der Sendetermin um 7.30 Uhr gestrichen wurde, gab es wütende Proteste....Einige Kinder...hätten sich schreiend geweigert, in den Kindergarten zu gehen, ohne vorher die Teletubbies gesehen zu haben."[36] Die Erwachsenen verhalten sich ihnen gegenüber erstaunt, entsetzt, ablehnend, skeptisch oder auch angetan. Nicht nur Kinder und Eltern sind von den Teletubbies fasziniert, auch im „...Brief einer Berliner Nonne, die gemeinsam mit ihren Ordensschwestern noch keine Teletubbies – Folgen verpaßt habe."[37], steht, sie sind von den Figuren begeistert.
Eine Mutter berichtet: „Der gesamte Kindergarten meiner Tochter befindet sich in einer Art Sprachauflösung. Bald kann gar kein

Kind mehr richtig Hallo sagen. Ich höre schon jetzt fast nur Ah-Oh, Ah-Oh."[38]

Zielgruppe für dieses Programm sind die 2 – 5 jährigen.
Medienkritiker, Kinderärzte und Pädagogen kritisieren die Sendung und die Figuren, da sie keine geeigneten Vorbilder für die Kleinen sind. Sie beeinträchtigen die Konzentration, des Sozialverhalten und den Spracherwerb des Kindes.[39]

In den Kinderzimmern haben die vier Figuren aus Großbritannien schnell einen Kultstatus erreicht. Sie sind *„..Großbritanniens erfolgreichster Kulturexport seit den Beatles."*[40]

Sogar im deutschen Sprachgebrauch der Bürger, *„Schulkinder und Büroangestellte begrüßen sich mit ....Ah-ooh, Studenten quäken fröhlich winke winke zum Abschied,"*[41] haben die Teletubbies einen Platz eingenommen.

Selbst im weltweiten Internet mit *„mehr als 45.000 Treffer vermeldet die Web-Suchmaschine Alta Vista nach dem Eingeben des Begriffs Teletubbies".*[42] Sie sind nicht mehr weg zu denken.

Aus einer Internetumfrage des Hamburger Marktforschungsinstituts Ears and Eyes Webresearch geht hervor, daß *„37% der Jugendlichen hocken öfter vor der Glotze, wenn Ah-ooh angesagt ist,"*[43] und die Teletubbies anschauen.

In der Merchandising-Industrie, *„weltweit grüßen die vier...auf 3000 bis 4000 Lizenzprodukten – vom Trinkhalm bis zur Tapetenbordüre,"*[44] den Konsumenten beim Einkauf entgegen.

Weltweit: *„In Belgien wurden binnen vier Wochen 77 Tonnen Tubby-Toasts Verkauft. In Südkorea verschwanden innerhalb von zwei Wochen 100.000 Tubby-Doppelkassetten in den Kinderstuben. In Singapur besitzt jedes Schulkind ein offizielles Tubby-Buch, in Neuseeland sogar zwei."*[45]

„Die Teletubbies gehören in den ABC-Läden in Adelaide zu den Bestsellern unter den Spielsachen und jetzt hat die Manie auch Neuseeland erreicht. Gestern wurden Kinder aus ihren Buggys gekippt und ältere Leute auf die Seite gerempelt, als etwa 100 Leute das Geschäft „The Warehouse" in Hamilton stürmten, um sich die erste Teletubbies-Lieferung zu schnappen. Die Ware war in weniger als einer Minute weg. Die Polizei erhielt mehrere Beschwerden von Leuten, die überrannt worden waren. (Advertiser vom 30.07.98)."[46]

Während dem Weihnachtsgeschäft wurden *„in Großbritannien... Teletubbies-Puppen sogar noch vor Spice Girl-Puppen..*

(Advertiser vom 11.02.98).. [47] verkauft und es schaffte „*...ein Teletubbies-Lied ....bis in die Hitparade.., (Sydney Morning Herald vom 9.2.98).* " [48]

In Deutschlands erstem Teletubby-Laden in Köln macht Kurt Reisenauer einen Umsatz „*um die 6000 Mark täglich.*"[49] Weltweit machen die Teletubbies, allein „*...zwei Milliarden Mark Umsatz. In Deutschland sind es rund 200 Millionen Mark. ...Allein die Plüschtubbies hätten sich 1999 eine Million Mal verkauft.*"[50]

In Deutschland vertreiben 56 Lizenznehmer rund 300 Teletubbies Produkte. Die Teletubbies werden noch die nächsten sieben Jahren vom Kinderkanal ausgestrahlt. Aber nicht nur die Kleinsten mögen die Teletubbies. Ihr Kultstatus ist sogar in jene Bereiche vorgedrungen, wo man es vielleicht nicht vermutet hätte. „*Die Teletubby-Manie erfaßt langsam auch die Jugendlichen: In den Londoner Techno-Clubs tanzen die Fans zu den Tubby-Takten.*"[51]

Die Teletubbies haben ihren Siegeszug angetreten und haben einen weltweiten Programmerfolg erreicht. Das von der BBC Worldwide in Auftrag gegebene und von der Firma Ragdoll unter der Leitung von Anne Wood und Andrew Davenport produzierte Programm, erscheint in Serie seit dem 10.03.1997 im Kinderfernsehen von Großbritannien.

In Deutschland ist das Programm seit dem 28.03.1999 im Kinderkanal und seit April 1999 im ARD-Programm zu sehen. Jeden Monat erscheinen die GfK-Daten des Kinderkanals. Die Serie erhält eine hohe Sehbeteiligung, „*durchschnittlich sehen 740.000 Menschen ab 3 Jahren die Teletubbies in der 18.30 – 18.55 Uhr Ausstrahlung.*"[52] Der Kinderkanal erhält dadurch tagsüber die Marktführung.

Die Sendung ist trotz heftiger Kritik bei den Kindern und den Eltern beliebt. Bereits im Oktober 1997 hatte die Sendung in Großbritannien „*.....Kultstatus erreicht und zog an die zwei Millionen Zuschauer an*".[53]

„*Mitte Mai 1999,...BBC...gab bekannt,...wurde die Serie an 59 Sende-anstalten auf der ganzen Welt verkauft. .... Die Serie hat der BBC rund 32 Millionen Pfund für den Programmverkauf und die Merchandising-artikel eingebracht.*"[54]

Weltweit werden die Teletubbies in 21 Sprachen und in 120 Ländern ausgestrahlt.[55]
Die Teletubbies bringen der BBC Worldwide und den beteiligten Firmen sehr hohe Gewinne. *„BBC Worldwide gibt das Einkommen der Teletubbies in den Jahren `97 und `98 mit 330 Millionen Pfund an".*[56]
Allein *„für die Bundesrepublik Deutschland wurden bisher 56 Lizenzen vergeben. 1 Mio. verkaufte Teletubbies –Bücher von Ravensburger, über 500.000 verkaufte Videos von Ravensburger und 125.000 monatlich verkaufte Exemplare des Teletubbies-Magazins (Panini Verlag)."*[57]

Das Merchandising

Der Erfolg des Merchandising ist abhängig von dem qualitativen Fernsehprogramm. Dabei muss bei der Umsetzung der Lizenzprodukte auf lokale bzw. kulturelle Aspekte Rücksicht genommen werden. Beim kommerziellen Verwerten von Rechten, in Verbindung mit einer Fernsehserie, die speziell auf die Zielgruppe der Kleinkinder ausgerichtet ist, können Meinungen hervortreten, z.B. beim Programm der Teletubbies: *„...das den letzten sicheren Ort der frühen Kindheit attackiert..."*[58] oder *„..die letzte sichere Bastion frühe Kindheit..."*[59] angreift.
Das Merchandising kann ein Programm positiv unterstützen, wie bei der Zuschauerbindung oder beim Bekanntheitsgrad. Merchandising hebt Inhalte eines Programms hervor, bei dem visuelle Eindrücke aus dem Film in den Alltag und in Gegenstände umgesetzt werden. Das Geld spielt beim Merchandising immer eine Rolle. Das Geld ist notwendig für Produktionen, um inhaltliche und gehaltvolle Programme ausbaufähig zu machen und diese zu erweitern. Dies erfordert ein qualitatives Merchandising, das kann *„...nur so gut sein wie die Inhalte des verwerteten Programms."*[60]
Bei den Teletubbies liegen die Rechte bei der BBC Worldwide und dem Produzenten Ragdoll Ltd. Die Vermarktung basiert auf der genauen Umsetzung der Serieninhalte für die spezielle Zielgruppe. Ebenso ist bei den Produkten darauf zu achten, dass sie kindgerecht und 100% gewaltfrei gehalten sein müssen. Die Produkte müssen einen Spiel- und Spaßwert besitzen, verbunden mit spielerischen Lernschritten, speziell auf die

Zielgruppe ausgerichtet. Dabei soll der Qualitätsanspruch der Serie in den unterschiedlichen und einzelnen Lizenzprodukten, z.B. von gesunden Nahrungsmitteln, realisiert und umgesetzt werden. Dies sind Vorgaben und Vorraussetzungen für ein „..qualitätsunterstützendes Merchandising..“[61]

Von Beginn an wurde bei den Teletubbies eine große Merchandising-Kampagne angelegt. Die lizensierten Teletubbies-Produkte erstrecken sich über viele Alltagsprodukte. Von großer Bedeutung dabei ist die einheitliche Optik der Produkte, wie die Farben, die Design-Merkmale, die Graphik etc., um eine unverwechselbare Präsenz aufzubauen. Ziel ist es, die Produkte einer bestimmten Zielgruppe nahezubringen.[62]

Im Merchandising-Prozeß kommt es auf die Wahl der Produkte und der beteiligten Unternehmen an, die ein qualitatives Produkt realisieren.

Bei dem globalem Merchandising der Teletubbies kommt es auf das „Eingehen auf länderspezifische Gegebenheiten..., der Schaffung länderübergreifende Standards und eines einheitlichen Looks...“ an.[63]

Dafür hat BBC Wordwide lokale Agenturen geschaffen, die sich in die verschiedenen Märkte einbringen. Die Marketing-Strategien passen sich an die jeweiligen Sprachräume der Länder an. Somit sind die lizenzsierten Produkte abhängig von den jeweiligen regionalen und lokalen Örtlichkeiten. Neben den regionalen und den kulturellen Aspekten der Teletubbies-Lizenzprodukte, die wichtig für ein qualitatives Merchandising sind, müssen gemeinsame Qualitätskriterien und der einheitliche Look gewährleistet und gewahrt bleiben. Den Agenturen stehen die einheitlichen „Looks“ zur Verfügung. Diese Looks sind in den länderübergreifenden Marketing – Strategien mit Mustern und Designs enthalten. „Die nationalen Agenturen – Stichwort << regionalen Besonderheiten>> - entscheiden, welche dieser Kampagnen zu welchem Zeitpunkt laufen.“[64]

Ziel des Licensing ist es, Kommerz aus einer Fernsehserie zu erzielen. Qualitativ gute Programme bieten den Unternehmen im Merchandising den Anreiz zu weiteren Investitionen an. Aus dem Gewinn der Teletubbies investiert und produziert BBC Worldwide neue qualitative Kinderprogramme. Bei dem Licensing geht es um 2 Punkte, die mit dem Programminhalt zusammenhängen.

1. Einmal handelt es sich um die Serie als solche, sie aufzubauen und darzustellen. Den Inhalt der Serie als ganzes hervorzuheben und als Identifikation anzubieten. Sobald Produkte aus der Serie auf dem Markt vorhanden sind, erinnert sich die Zielgruppe bzw. der Endverbraucher an den Programminhalt. Der Rezipient erinnert sich im Laden an den Programminhalt, an eine bestimmte Szene, Geschichte, Situation etc.. Eine erworbene Figur aus der Serie ermöglicht es dem Zuschauer, diese Figur anzufassen und mit ihr bestimmte Situationen oder Szenen aus dem Programm nachzuspielen.

2. Sind die lizensierten Merchandising-Produkte gut realisiert worden, hat der Rezipient die Möglichkeit, bestimmte Inhalte aus der Serie körperlich darzustellen und gegenständlich für sich erfahrbar zu machen.
Die Teletubbies sind für die Zielgruppe der Kleinkinder deshalb geeignet, weil die Kinder durch das Fernsehen Anregungen erhalten wie zum Spielen, Lernen, Bewegen, zur Kreativität oder einfach Spaß zu haben.
Die Kinder sammeln durch den Programminhalt visuelle Erfahrungen. Diese Erfahrungen setzen die Kinder spielerisch in ihrer Umwelt um.
Das Merchandising trägt zu der Popularität des Programms der Teletubbies bei.
„Fernsehen und Kommerz gehören im Kinderfernsehen .... auch im öffentlich-rechtlichen Kinderfernsehen zusammen."[65] Um ein weltweites Kinderfernsehen zu finanzieren, werden zusätzliche finanzielle Mittel benötigt. Die finanziellen Mittel, z.B. mit dem das *„...Prime-Time-Fernsehen für Erwachsene..."*[66] ausgestattet ist, steht dem Kinderfernsehen nicht zur Verfügung. Viele Programme könnten im Kinderfernsehen nicht entstehen bzw. gezeigt werden, wenn nicht durch zusätzliche finanzielle Mittel. Auch das Merchandising ermöglicht eine Finanzierung von Sendungen des Kinderfernsehen.
Die Teletubbies wurden im europäischen Kulturraum, in Großbritannien kreiert. Es ist schwieriger kulturspezifische Programme in andere Kulturräume bzw. Kontinente, die andere kulturelle Merkmale besitzen, zu verkaufen. Bezogen auf das Kinderfernsehen lassen sich Nonfiction-Produktionen schlechter

als Fiction-Produktionen verkaufen. Bei der Synchronisation von Programmen bzw. Serien lassen sich Zeichentrick- und Puppenfilme besser verkaufen, als Nonfiction-Produktionen. Solche Programme sind weniger kulturspezifischer, als Programme in denen Kinder mitspielen. *„In vielerlei Hinsicht scheinen hier die Teletubbies international bedeutend marktfähiger zu sein...* "[67]

Der Aufbau der TV-Sendung

Aufbau der Sendung
Vorspann
Kleine Geschichte
Auswahlverfahren
Bauchgeschichte mit Wiederholung
Große Geschichte im Teletubbyland
Tänze/Animationen
Verabschiedung

Die genaue Bearbeitung der Sendung ist nicht Aufgabe dieser Arbeit, um aber einen besseren Zusammenhang zwischen der Sendung, den Figuren und den Produkten herzustellen, wird sie hier kurz erwähnt.

Der Aufbau; siehe Graphik 1 und 2[68]

Jede einzelne Teletubbies-Sendung hat eine feste Struktur mit 8 Elementen. Element 6 und 7 sind nur in einigen Sendungen vorhanden.

1. Element ist der Vorspann. Hier geht die Babysonne auf, mit ihrem Lied stellen sich die Teletubbies vor.
2. Element ist eine kurze Geschichte im Teletubbyland. Die

Teletubbies erleben hier kleine Spiele in der Landschaft oder im Iglu.

3. Element ist das Auswahlverfahren. In jeder Sendung findet das gleiche Auswahlverfahren statt, aber immer bei einem anderen Teletubby und auf dessen Bauch die Bauchgeschichte mit den realen Kindern gezeigt wird.

4. Element zeigen Bauchgeschichten von Kindern im Alter zwischen 3 bis 6 Jahren aus der realen Welt. Aus den unterschiedlichsten Bereichen werden reale Kindererlebnisse gezeigt. Verabschieden sich die Kinder in den Bauchgeschichten das erste Mal, rufen die Teletubbies solange „No-mal", bis der ganze Film ein zweites Mal gezeigt wird.

5. Element ist die Große Geschichte im Teletubbyland. Hier werden unterschiedliche Alltagsbegebenheiten der Teletubbies gezeigt.

6. Element sind die Tubbytänze. Im Viervierteltakt tanzen die Teletubbies verschiedene Tänze, nach einer einfachen und eingängigen Musik.

7. Element sind die Vorführungen im Tubbyland, z.B. mit dem Bär und dem Löwe oder mit Computeranimationen. Die Elemente 6 oder 7 sind nur in einigen Teletubbies-Sendungen zu finden.

8. Element ist die Verabschiedung. Zweimal verabschieden sich die Teletubbies, springen in den Iglu und die Babysonne geht unter.

Die Zwischenelemente sind die Sonne und der Schwenk über die Hügel.[69]

Im Gegensatz zu den Elementen 1, 3 und 8, sehen die Kinder bei den Bauchgeschichten konzentrierter hin und sitzen still. Bei den anderen Elementen bewegen sie sich oft. In der Sendung sind mehrere Elemente vorhanden, es gibt Verbindungen zwischen den *„typischen Momenten und der Rezeptionssituation."*[70] Diese verschiedenen Elemente geben dem Kind die Möglichkeit, die Sendung unterschiedlich aufzunehmen und zu gestalten.

Der Aufbau der Sendung und das Rezeptionsverhalten

Im Vergleich zu der Äußerung „*Kinder, die fernsehen, spielen in dem Moment nicht. Sie sitzen passiv und bewegungslos vor dem Gerät und machen dabei nicht eigene Erfahrungen mit ihrer Umwelt und sich selbst.*,"[71], waren die Kinder aktiv bei dem Betrachten der Sendung.

Typische Momente der Rezeptionssituation	
Vorspann	Mitsprechen/ -singen, -tanzen
Auswahlverfahren	Vorhersagen/ Vorwegnehmen
Verabschiedung	Antworten
Bauchgeschichte n mit Wiederholung	Verfolgen, Antworten (Begrüßen), Bemerken/ Erkennen
Kleine Geschichten	Verfolgen, Vorhersagen/
Große Geschichte im Teletubbyland	Vorwegnehmen, Bemerken/ Erklären/ Kommentieren, Mitsprechen
Tänze/Animationen	Mittanzen, Bewegen, Anderes spielen, Nachfragen, Bemerken, (Tierparade) Mitsprechen (Bär/Löwe)

Vergleich zu der Äußerung „Kinder, die fernsehen, spielen in dem Moment nicht. Sie sitzen passiv und bewegungslos vor dem Gerät und machen dabei nicht eigene Erfahrungen mit ihrer Umwelt und sich selbst."[72], waren die Kinder aktiv bei dem Betrachten der Sendung.

Um nicht näher auf die Sendung einzugehen, wird dies beispielhaft anhand den Forschungsergebnissen beschrieben.

Die Kinder waren beim Betrachten der Sendung ausgesprochen aktiv. Die Kinder sagen etwas zu dem Serieninhalt, sie **Erklären/ Bemerken/ Kommentieren** *die Sendung.*

Die Kinder **sprechen oder singen** *Texte parallel zur Sendung mit.*

Die Kinder **sehen** *(verfolgen) wie gebannt auf den Bildschirm. Die Kinder nehmen die* **Antworten-Aufforderungen** *der Sendung auf und sprechen mit dem Fernseher. Die Kinder verfügen schon nach wenigen Sendungen über genügend Medienwissen, so daß sie die Kommunikationsformen und Handlungen,* **Vorhersagen/Vorwegnehmen** *können.*

Die Kinder entwickeln auf der Basis der festen Abläufe und der eingängigen Musik eine eigene Choreographie oder bewegen sich frei zur Musik. Sie **tanzen mit** *und* **bewegen** *sich. An einigen Stellen fragen sich Kinder* **nach** *tiefergehenden Zusammenhängen, die sie von ihren Eltern erklärt bekommen möchten. Sie* **Spielen während der Rezeption.** *Die Sendung muß nicht zwangsläufig die ganze Zeit im Mittelpunkt stehen. An einigen Stellen laufen Kinder raus oder beschäftigen sich intensiv mit etwas anderem.* [73]

Im Vergleich zu einer lernorientierten Sendung, erklärt ein Moderator oder eine Hauptfigur den Zusammenhang der Geschichte. Die Teletubbies-Sendung ist einfach aufgebaut, die Kameraperspektive gewährt dem Zuschauer viel Raum und schränkt ihn nicht ein. *„Der ruhige Schnittrhythmus gibt Zeit, auf dem Gesehenen auszuruhen, es zu verfolgen oder je nach Motivation und individuellem Thema, die Handlung sogar zu überholen."*[74]
Wenn die Kinder die Sendung anschauen, erleben sie die Erfahrung sich kompetent zu fühlen und sie haben die Möglichkeit auch anders aktiv zu werden. Die Sendung gibt den Kindern einen Freiraum und die Möglichkeit sich während den Zwischenelementen oder den Tubbytänzen vom Fernseher ab zu wenden. Sie können sich bewegen, spielen, reden oder kommentieren, auch wenn diese Handlung nicht zum Inhalt der Sendung passt. *„Gerade weil die Teletubbies von den Zuschauern etwas anderes fordern, als nur die fortschreitende*

Handlung zu verfolgen, sind sie gerade für Kleinkinder interessant.[75] Aufgrund ihres Entwicklungsstandes haben die Kinder nicht die gleiche Konzentration wie ältere Kinder oder Jugendliche, um sich auf den Inhalt einer Sendung zu konzentrieren. Die Teletubbies bieten eine Abwechslung von Konzentration und Aktivität. Die Kinder folgen lange und aufmerksam der Sendung und lassen sich emotional binden. Die farblich attraktiven und mollig körperlichen Figuren sprechen die Kinder an, sowie deren interessante Bewegungen, da sie ihrer Altersgruppe ähnlich sehen. Die Sendung ist so aufgebaut, dass sie den Kindern Rezeptionsräume anbieten. Im Vergleich zu anderen Fernsehgeschichten, die für Kinder angeboten werden, bieten die Teletubbies den Kindern Rezeptionsräume an sich das Gesehene auf unterschiedlicher Art und Weise anzueignen und damit umzugehen.

Die Teletubbies sind in der Sendung die Hauptdarsteller, gleichzeitig sind sie selbst auch aktive und passive Beteiligte, parallel mit den Kleinkindern. *„So sehen die Zuschauenden zusammen mit den Teletubbies die Bauchgeschichten oder die Vorführungen im Teletubbyland an.*"[76]

Die Charaktereigenschaften der Figuren

Die in der Sendung gezeigten Teletubbies leben in einer Welt, die gekennzeichnet ist von Konfliktlosigkeit und von gewaltfreien Geschichten. Die Teletubbies zeigen Gefühl, sie sind lieb, es gibt keinen Streit, keinen Neid und keine Angst.

Am 22.07.2000 um 7.30 Uhr lief in der ARD der Teletubbies-Sendung die folgende Große Geschichte im Teletubbyland. Po geht an die Puddingmaschine und zeigt die einzelnen Schritte, die erforderlich sind, um Tubby-Pudding zu bekommen. Als erstes drückt sie die Taste für die Schale, dann die jeweiligen Tasten, die dafür zu-ständig sind, dass der Pudding in der Maschine gemischt wird, an-schließend den Hebel für das Ausrichten der Schale, damit der Pudding genau in die Schale fließt. Dann kommt Tinky-Winky, der ebenfalls Tubby-Pudding haben möchte. Die kleine Po zeigt dem großen Tinky-Winky mehrmals die einzelnen Schritte der Tasten, die Tinky-Winky zu drücken hat. Doch Tinky-Winky verwechselt und vergisst die einzelnen Schritte, bis der Pudding auf Po, auf den daneben stehenden Noo-Noo, auf dem Boden und auf der Maschine landet. Schließlich hat Tinky-Winky eine Schale voll Tubby-Pudding. Dann kommt Noo-Noo und schlürft den verspritzten Pudding auf. Danach freuen sich alle Teletubbies, dass Noo-Noo den Pudding aufgeschlürft hat, dass sie Noo-Noo haben und umarmen ihn.

Die Po zeigt hintereinander die einzelnen Schritte, um den Pudding zu erhalten. Po ist zu Tinky-Winky hilfsbereit, sie hat Geduld, erklärt ihm alles, damit Tinky-Winky den Pudding auch erhält. Die Teletubbies zeigen gegenüber Noo-Noo Dankbarkeit.

Am 09.09.2000 um 7.30 Uhr lief in der ARD der Teletubbies-Sendung die folgende Große Geschichte im Teletubbyland.

Die Po war müde und legte sich in Tinky-Winky`s Bett. Dann kamen der Tinky-Winky, der Dipsy und die Laa-Laa in den Iglu. Auch sie waren müde und der Dipsy und die Laa-Laa legten sich in ihre Betten. Als Tinky-Winky sich in sein Bett legen wollte, sah er, daß Po in seinem Bett lag und schlief. Dann versuchte er sich in Po`s Bett hinein zulegen und merkte, dass Po`s Bett für ihn zu klein war. Dann versuchte Tinky-Winky am Tisch, an einem Stuhl oder auf der Rutsche zu schlafen, er konnte nirgends einschlafen. Als Po aufwachte und merkte, dass sie in Tinky-Winkys Bett geschlafen hatte, gingen beide aufeinander zu und umarmten sich und es gab Tubby–Schmusen.

Der Tinky-Winky war auf Po nicht böse und nicht zornig, sondern rücksichtsvoll, er lies Po weiter schlafen und sie mochten sich anschließend.

Die Teletubbies haben sich lieb, sie schmusen gerne und sie sind fröhlich.

Es ist eine einfache Welt, in der die Dinge einfach passieren, in der z.B. eine Gießkanne erscheint und wieder verschwindet. Die Welt der Teletubbies ist eine einfache „archaische...Welt" [77], die mit einfachen Elementen ausgestattet ist, die aber nicht näher auf deren Grund geht. Es ist ihre Welt, in der sie selbst noch leben, sich aufhalten und sich darin befinden. Deshalb verstehen sie auch diese Welt, gehen darin auf, erkennen sich wieder und fühlen sich darin wohl. Eine Welt, in der ein „...animistisch betriebener Techno- Staubsauger.." oder ein „...magischer Duschkopf..." [78] vorkommt.

Die Teletubbies werden aufgrund ihrer Einfachheit von der Kindern geliebt und von den Erwachsenen nicht verstanden. Die Teletubbies sprechen eine reduzierte Sprache. Die Kinder können die Teletubbies-Sprache deuten, auch wenn dies den „...Erwachsenen wie ein unverständliches Gebrabbel vorkommt, scheinen Kinder sogar zu verstehen..“[79] um was es sich dabei handelt.

Die Kinder befinden sich in einer emotional visuell-symbolischen Welt, die durch die Körpersprache dominiert ist, die sie verstehen. Die Sprache welche die Kinder bei den Teletubbies hören, wahrnehmen, verstehen und wiedergeben, ist ihre Sprache, ihr geistiger Horizont, den sie wiederfinden und sich mit ihm identifizieren können. Deshalb können sie die Figuren und ihre Sprache verstehen und diese wiedergeben.

Die Teletubbies sehen in ihrem äußeren Erscheinungsbild, in ihrer Proportion, sowohl im Aussehen und im Verhalten den Kleinkindern ähnlich. Sie haben große Köpfe, runde Hintern und kurze Beine.[80]

Die Teletubbies stellen das Kindchenschema dar, auf dem die Kinder reagieren, wie die Erwachsenen reagieren diese auf die Kleinkindern. Sagen die Erwachsenen nicht selbst, wenn diese ein süßes und nettes Kind sehen, „Ach ist das nicht ein süßes Kind ?“

In ihrem Aussehen haben die Teletubbies ein hohes *Teddy-Potential*[81] und sind keine *Haudrauf-Figürchen*.[82]

Die Teletubbies lassen sich auf eine einfache Art und Weise charakterisieren. In ihrer Gestaltung und in Ihrem Aufbau, *...entsprechen sie voll .. dem knuddelig-süßen Kindchenschema und sind so einfach zu verstehen, daß selbst die Kleinsten sie immer wiedererkennen – und haben wollen...*“[83].

Bei den Figuren wird einmal die Zielgruppe selbst dargestellt, die angesprochen wird, mit denen sich die Kleinkinder identifizieren. Andererseits entsprechen die Figuren dem archaisch-evolutionären Kindchenschema, das beim Betrachter instinktive und unreflektierte Sympathie, Zuneigung, Hilfsbedürftigkeit und keine Abneigung und Aversion hervorruft.

Die Teletubbies sind in der Sendung die Hauptdarsteller und gleichzeitig sind diese selbst auch aktive und passive Beteiligte mit den Kindern. „*So sehen die Zuschauenden zusammen mit den Teletubbies die Bauchgeschichten oder die Vorführungen im Teletubbyland an.*"[84] Die Teletubbies befinden sich dabei auf der gleichen Ebene wie die Kinder, Zuschauer und aktive Handelnde.

In ihrem Aufbau und in ihrer Gestaltung besitzen die Teletubbies eine Charaktereigenschaft, die nicht kulturspezifische Merkmale eines definierten Kulturraumes oder eines Kontinentes aufweist. Die Figuren entsprechen in ihrem Aufbau, in ihrer Gestaltung und in ihren Charaktereigenschaften der Zielgruppe selbst, die auf sie reagiert.

Die Attraktivität der Sendung und der Figuren

Die Welt der Teletubbies ist eine einfache „*archaische...Welt*" [85], die mit einfachen Elementen ausgestattet ist, die die Aufmerksamkeit des Kindes fesselt, aber nicht näher auf deren Grund geht. Die Kinder werden von der Einfachheit der Sendung gefesselt und von dem „..*animistisch betriebenen Techno-Staubsauger..*" oder dem „..*magischen Duschkopf...*" und „..*von deren Schlichtheit..*"[86] ermutigt.
Die Teletubbies-Figuren sprechen die Kinder emotional an und werden von den Kindern bewundert, selbst „...*wenn diese einen Berg hinunter kullern oder eine Tasche ein- oder ausräumen.*" [87]
Die Kinder sind von den Teletubbies-Figuren fasziniert. Diese regen sie zum Malen und Benennen an.
Worin liegt nun für die Kinder die Faszination an diesen Figuren ?
Den Kindern gefallen an den Teletubbies die eindeutigen und kräftigen Farbtöne, der mollige Körper und deren Bewegungen, denn es ist Ihre Zielgruppe, sie selbst, ihr Alter und identifizieren sich mit den Figuren. Die Kinder sehen in den Figuren Wiedererkennungsmerkmale. Die Kinder benennen und spielen am meisten „*die ungewöhnlichen Bewegungsmustern mit lustigen Geräuschen und die Bewegungsanlässe, die in feste Rituale eingebunden sind.*"[88]
Erzählen die Kinder von den Teletubbies-Geschichten, befinden sich die Figuren in deren Zentrum. Die Kinder faszinieren sich mehr für die Figuren als für den Inhalt der Geschichten.
Die Faszination der Figuren liegt an ihrem körperlichen Appeal

und ihr Wert liegt für die Kinder darin „*daß sie sie gern haben können.*"[89] Die Figuren haben ein „*..hohes Teddy-Potential und sind ...besser als die Haudrauf-Figürchen manch anderer Serie.*"[90]

Die Teletubbies unterhalten die Kinder, bieten ihnen eine ruhige und fröhliche Stimmung und Spaß. Von diesem Spaß werden die Kindern angesprochen und fühlen sich wohl. Die Kinder werden von den Teletubbies nicht mit Aggressivität, Angst oder Spannung konfrontiert.

Die Teletubbies bieten den 2 – 3 jährigen Kindern ein Rollenmodell an und die Kinder *identifizieren*[91] sich mit ihnen. Die Figuren sehen in ihrem äußerem Erscheinungsbild, sowohl im Aussehen und im Verhalten den Kleinkindern ähnlich. „*Sie erkennen im Fernsehen eigene Spielvorhaben und Bewegungsmuster wieder und fühlen sich durch diese angesprochen.*"[92] Ihnen begegnen altersspezifische Verhaltensweisen auf die sie ansprechen, ob im Spiel oder in den Bewegungsabläufen. In den Figuren sehen die Kinder ihnen bekannte Spielzeuge und kleine Spielszenen, die ihnen aus ihrem Erfahrungsumfeld bekannt sind.

Die Sendung ist bei den Kindern sehr attraktiv, weil sie von den Kindern etwas anderes fordert als der Handlung der Sendung passiv zu folgen. Sie bietet ihnen Rezeptionsräume an, damit sie das Gesehene auf unterschiedlicher Art und Weise zu verarbeiten und zu gestalten können. „*Gerade weil die Teletubbies von den Zuschauern etwas anders fordern, als nur die fortschreitende Handlung zu verfolgen, sind sie gerade für Kleinkinder interessant.*"[93] Diese motivieren und regen die Kinder zum Mitmachen an.

Die Attraktion und die Faszination bei den Kindern ist auch mit den Wiederholungen, der festen Rituale und der darin vorhandenen Orientierung verbunden. Sie sagen Handlungen vorher, erkennen bestimmte Elemente oder Dinge wieder, ordnen sie ein und benennen sie, wodurch sie sich kompetent fühlen.[94]
„*Anne erkennt abermals, worum es geht und sagt: <Toasti>. Tinky-Winky sagt <Tubbytoast, Tubbiytoast>. Anne springt begeistert in ihrem Sessel auf und ab und ruft lachend zu ihrer Mutter gewendet: < Tubbytoast, Tubbiytoast>*"[95].

Die Teletubbies sprechen eine reduzierte Sprache. Die Kinder finden die Teletubbies-Sprache attraktiv und sind von ihr fasziniert. Die Teletubbies sprechen eine Sprache, welche die Kleinkinder verstehen und wie sich die Kleinkinder selbst unterhalten. *„Es ist die Sprache der jüngsten Zuschauer, ihre Sprache, ihre Worte für Dinge, die sie verstehen."*[96] Die Attraktion der Figuren liegt auch an ihrer reduzierten Sprache, der Kleinkindsprache, die kein Erwachsener versteht. Die Teletubbies-Sprache können die Kinder deuten, auch wenn dies den *„...Erwachsenen wie ein unverständliches Gebrabbel vorkommt, scheinen die Kinder zu verstehen..."*[97] um was es sich dabei handelt.

Die Attraktion hängt auch mit folgendem Aspekt zusammen. Die Teletubbies sind in der Sendung die Hauptdarsteller und gleichzeitig sind diese selbst auch aktive und passive Beteiligte mit den Kindern. *„So sehen die Zuschauenden zusammen mit den Teletubbies die Bauchgeschichten oder die Vorführungen im Teletubbyland an."*[98] In dem Moment befinden sich die Teletubbies auf der gleichen Ebene wie die Kinder. Alles was in der Sendung erscheint und auftritt, ist mit den Teletubbies verbunden.

Das Spielen und das Lernen in der Entwicklung des Kindes

Das Spiel

Von Beginn seines Lebens an spielt das Kind in unterschiedlichen Formen und Aktivitäten. Im Kleinkind- und im Vorschulalter bis zum Beginn des Schuleintritts, ist das Spiel eine häufige Aktivität in seinem Umfeld.

Das Spiel gibt dem Kind die Möglichkeit, sich mit seiner Umwelt und mit sich selbst auseinander zu setzen. Durch das Spiel sammeln die Kinder in ihrer Umwelt neue Erfahrungen und erlangen Problemlösungsmöglichkeiten. Im Spiel entwickeln sich kreative Gestaltungsmöglichkeiten, die beim Kind eine *„..altersgemäße Form einer Bewegung und Auseinandersetzung mit einer sozialen und dinglichen Umwelt."*[99] aufbauen.

Das Spiel unterliegt einem komplexen und dynamischen Prozess, der sich in den spontanen Aktivitäten des Kindes äußert. Zusammengefasst lässt sich das Spiel unter den

Aspekten der Spontaneität, der intrinsischen Motivation, der Zweckfreiheit und der positiven Gefühlsbetonung kennzeichnen. Entsprechend seinem Entwicklungsstand setzt sich das Kind mit sich und seiner Umwelt auseinander. Das Kind macht dies auf unterschiedlicher Art und Weise während dem Spiel. Dabei kommt es auf die Art und Weise der Spielaktivitäten an. Diese Spielaktivitäten haben einen bestimmten Inhalt und einen Charakter, die sich in verschiedenen Spielformen äußern. Diese verschiedenen Spielformen werden charakterisiert in, *„..Tätigkeits- oder Funktionsspiele, Herstell- oder Konstruktionsspiele, das Rollen- bzw. Fiktionsspiel, das aufnehmende Spiel oder Rezeptionsspiel und die Regelspiele..”*[100]. In diesen Spielformen werden unterschiedliche Inhalte und Charaktereigenschaften des Spiels gespielt. Durch die unterschiedlichen Spielaktivitäten, erlernt und erfährt das Kind durch das Spiel die geistige und soziale Entwicklung. Im Spiel sammelt das Kind soziale Verhaltensweisen mit anderen Kindern bzw. Erwachsenen oder anderen Personen.

Das Lernen

Von der Entwicklung, der Reifung und den Lernvorgängen vom Kleinkind zum Schulkind durchläuft das Kind unterschiedliche Prozesse. Diese haben in der Entwicklung und der Reifung des Kindes eine bestimmte Bedeutung, auf die aber nicht näher eingegangen werden kann. Zu diesen Prozessen nimmt das Lernen am Modell eine wichtige Rolle für die Kleinkinder und Vorschulkinder ein. Unter Lernen am Modell versteht man, *„..daß das Kind Verhaltensformen, die es bei anderen Menschen beobachtet, nachahmt. Eine solche Nachahmung kann sich sowohl auf Handlungen erstrecken, die dem Kind bereits bekannt sind und die es zum Zeitpunkt der Beobachtung nur noch einmal wiederholt, als auch auf völlig neue und bisher unbekannte Verhaltens-weisen.”*[101] Dies setzt beim Kind einen bestimmten Entwicklungsstand der Erkenntnisfunktionen voraus, die beobachtete Handlung richtig zu erfassen, Erkennen von deren Zusammenhänge und in das eigene Verhalten zu integrieren. Das Lernen am Modell ist beteiligt am Erwerb emotionaler und sozialer Verhaltensweisen und wirkt als Vorbild der kindlichen Entwicklung. In der Entwicklung der Kinder sind nicht nur Eltern, Erwachsene und andere Personen, Vorbilder für die Kinder, sondern auch die Massenmedien, die bestimmte Handlungen darbieten. Dies stellte eine Untersuchung *„..von Bandura und Mitarbeitern als er-wiesen..., daß nicht nur Personen in Film und Fernsehen, sondern auch Zeichentrickfilmen als Modell dienen und imitiert werden..* "[102] fest. Soziales Verhalten kann auch durch das Imitationslernen von Filmen ausgelöst werden.

Die Entwicklung des Gedächtnisses, am Beispiel des Erkennens und des Behaltens, unterliegt beim Kind unterschiedlichen und verschiedenen Lernprozessen.
Das Lernen unterliegt einem Prozess, dessen Voraussetzung ist, dass gewonnene Erlebnisse und Erfahrungen nicht gleich verloren gehen. Diese Inhalte und Erfahrungen sollen verfügbar bleiben und beibehalten werden. Die Fähigkeit, bestimmte Inhalte und Erfahrungen zu behalten und Gedächtnisleitungen aufzubauen, liegt im Wiedererkennen. Die voranschreitende Sprachentwicklung hilft dem Kind bestimmte Eindrücke zu benennen, die ihm so leichter zur Verfügung stehen. *„Über das bloße Wiedererkennen hinaus gelingt es ihm, sich an Vergangenes aktiv zu erinnern, d.h. frühere Eindrücke selbständig zu reproduzieren. Das Erinnern ist gegenüber dem Wiedererkennen eine fortgeschrittene Leistung, weil ohne direkte Wahrnehmungshilfen Eindrücke, ...abgerufen werden müssen.* "[103] Ab dem Alter von 3 Jahren nehmen die Kinder bewusst die Technik des Wiederholens an, um sich etwas einzuprägen. Für die Kinder ist es eine einfache und erfolgreiche Vorgehensweise, um ihr Erinnerungsvermögen und ihre Gedächtnisleistung zu steigern. In bestimmten Spielen setzen die Vorschulkinder dies spontan in spielerischer Form um. Die Erinnerungsleistungen und die Erfahrungen können beim Kind durch verbesserte Vorgehensweisen gesteigert werden, wenn *„...das neu zu Lernende in einen sinnvollen Zusammenhang gebracht und somit leichter gespeichert werden kann.* "[104] Das Vorschulkind kann einfache und vergangene Erlebnisse berichten oder den Inhalt von kurzen Geschichten wiedergeben.

Das methodisch-didaktische Material der Sendung und der Figuren

Was versteht man unter Didaktik ?

Unter Didaktik versteht man: *„Didaktische Überlegungen beschäftigen sich mit dem Wissen über Lehr- und Lernprogramme, mit der Planung und Durchführung ausgewählter Lerninhalte.“*[105] Bei der Didaktik handelt es sich darum, was in einer bestimmten Situation beigebracht und vermittelt werden soll. Durch die Didaktik soll der Betreffende die Möglichkeit haben, sich mit dem ihm zur Verfügung gestellten Stoff auseinander zu setzen, um den Inhalt schrittweise zu verstehen und daraus Erfahrungen zu sammeln. Nach Belardi soll der ausgewählte Stoff, *„...beispielhaft (exemplarisch) dem Lernenden einen bestimmten Teil der allgemeinen Erfahrungswelt zu erschließen verhelfen. „* [106]

Die didaktischen Inhalte bei der Sendung und der Figuren

Die Teletubbies vermitteln den Kleinkindern ein Rollenmodell, mit dem sie sich identifizieren. Durch diese Identifikation haben die Kinder die Möglichkeit, Verhaltensweisen, Bewegungsmuster- und Anlässe etc. zu übernehmen und selbst umzusetzen. Die Teletubbies vermitteln Wärme, Harmonie, Friedlichkeit, sie sind rücksichtsvoll, haben Geduld, erklären einander, zeigen dem anderen die einzelnen Schritte und es gibt immer Tubby-Schmusen. Sie vermitteln keine Aggressivität, keinen Neid und keine Angst. In ihrem Verhalten vermitteln die Teletubbies eine Harmonie in der Gruppe und dass man sich gegenseitig gern haben kann.
Es wird in der Sendung gezeigt, dass alle vier Figuren die gleichen Handlungen hintereinander durchführen und kein Teletubby ausgegrenzt wird. Es befindet sich jede Figur abwechselnd im Mittelpunkt. Die Teletubbies vermitteln ein Modell des sozialen Lernens unter den Gleichaltrigen, sowie den Lernaspekt des *Zusammenhaltens* und der *Freundschaft*.[107]
Die Teletubbies vermitteln den Kleinkindern unterschiedliche Erlebnisse und Erfahrungen, die sie aktiv, zur eigenständigen Motivation und zur Umsetzung anregen und die aus ihrer

eigenen Erlebniswelt kommen.

Die Figuren bieten den Kindern ein *Teddy-Potential*[108], das sie liebhaben können.

Die Teletubbies-Sprache vermittelt den Kindern die Sprache ihrer eigenen Kinderwelt, in der sie selbst leben. Sie verstehen und deuten diese Sprache und sprechen diese aus. Durch das Verstehen der Teletubbies-Sprache, wird ihnen vermittelt, dass es für unterschiedliche Momente und Situationen und zu unterschiedlichen Personen verschiedene Sprachstile gibt und verwendet werden. Denn *„mit ihrer Puppe sprechen sie anders als mit ihren Brüdern, mit ihrem Papa anders als mit ihrer Mutter. Und mit den Teletubbies sprechen sie eben in der Teletubbies-Sprache.“*[109]

Die Teletubbies-Sprache fördert beim Kind die Vielfalt des Lernens. Hier an einem Beispiel: Die Sendung wird in verschiedenen Ländern ausgestrahlt. In den Niederlanden wird die Sendung in Englisch und in Holländisch ausgestrahlt. *„>Ich konnte es kaum glauben,< freut sich der Berliner Kunstmaler Harald Hoffman de Vere. >Nachdem mein Sohn Yoshi in Amsterdam ein paar Folgen in Englisch und in Holländisch gesehen hatte, sprach er sogar kleine Sätze in beiden Fremdsprachen<.“*[110] Durch die reduzierte Sprache, der langsamen Erzählform, der Körperbewegungen der Figuren und dem Vorwissen der Sendung, lernen die Kinder einzelne Wörter oder Sätze, deuten sie und verstehen sie .*„Schon bald erraten sie die Bedeutung der Teletubby – Vokabeln und erklären diese. So ist es u.a. auch möglich, fremdsprachliche Aus-drücke zu lernen.“* [111]

Die Wiederholung

Die Teletubbies-Sendung basiert in ihrem Grundmuster auf der Wiederholung. Alles was in der Sendung gezeigt wird, wird wiederholt. Diese Wiederholung entspricht der kleinkindlichen Wahrnehmung und der Verarbeitung der Kleinkinder. Die Kinder haben die Möglichkeit das Gesehene ein zweites mal zu sehen, das Gesehene noch einmal zu verarbeiten und neue Dinge darin zu entdecken, die sie vorher nicht entdeckt haben. Diese Vorgehensweise entspricht nahezu *„perfekt eine Forderung der verstorbenen Medienpsychologin Hertha Sturm. Sie kritisierte*

das Fernsehen, weil es dem Zuschauer keine Zeit lasse das Gesehene auch zu verarbeiten. Bei den Teletubbies aber wird alles ständig wiederholt, sogar die kurzen Filme, die in jeder Folge auf einen der Tubby – Bäuche eingespielt werden."[112]
In der Sendung wird den Kindern das Wiederholen und ein festes Ritual vermittelt. An den Wiederholungen und den Ritualen orientieren sich die Kinder und diese helfen ihnen die Handlungen ohne Anstrengung zu verfolgen. Sie können sich auf wiederkehrende Elemente einstellen. Die Kinder können dadurch Elemente wiedererkennen, einordnen, benennen, voraussagen und sich als kompetent erleben.[113]

Am 22.09.2000 um 11.20 Uhr lief im Kinderkanal die folgende Kleine Geschichte.

Die kleine Po saß auf der Treppe im Iglu und eine Sprechtröte erschien vor ihr. Die Sprechtröte sagte folgenden Vers: "*Backe backe Kuchen, der Bäcker hat gerufen. Wer will guten Kuchen backen, der muß haben sieben Sachen, Eier und Schmalz, Zucker und Salz, Milch und Mehl, Safran macht den Kuchen gel.*"
Die kleine Po sagte, nachdem die Sprechtröte den Vers beendet hatte, das *erste Mal* „Noch-mal, Noch-mal". Die Sprechtröte wiederholte den Vers und anschließend versuchte die Po den Vers nachzusprechen. Dann rief Po das *zweite Mal* „Noch-mal, Noch-mal". Die Sprechtröte wiederholte den Vers und Po versuchte wieder den Vers nachzusprechen. Dann rief Po das *dritte Mal* „Noch-mal, Noch-mal". Die Sprechtröte wiederholte den Vers und die kleine Po versuchte ein drittes Mal den Vers nachzusprechen.
Dann kam Laa-Laa die Rutsche herunter und Po machte Laa-Laa auf den Vers aufmerksam. Die Sprechtröte wiederholte den Vers und Po und Laa-Laa sprachen den Vers zusammen aus, während sie sich in die Hände klatschten. Dann kamen Tinky-Winky und Dipsy zu den Beiden. Sie sprachen ebenfalls den Vers mehrmals hintereinander aus, während alle Vier sich in die Hände klatschten.

Das Wiederholen ist ein zentraler Aspekt beim Lernen, um bestimmte Inhalte wieder zu erkennen, einzuordnen, sich zu orientieren, oder Neues zu entdecken. *„Wiederholung ist also ein wesentliches Element und zwar nicht nur bei den kurzen Geschichten, sondern auch Lieder und Reime...die oft wiederholt werden.*“[114]

Das häufige Wiederholen, ob gesprochen oder vorgemacht, ob beim Tanzen, Singen, Reden etc. prägt sich ein und kann schneller behalten werden. Das Wiederholen von Inhalten bewirkt, dass Elemente oder Dinge besser verstanden werden, es stärkt das *Selbstvertrauen*[115] und das Selbstbewusstsein. Das Wiederholte ist besser begreifbar und besser zu verarbeiten. Es ist eine Form, wie das Lernen im Unterricht. *„Weil junge Kinder nicht zuschauen und zur gleichen Zeit zuhören, werden Bewegungen und Bilder überall in der Folge wiederholt. Kindern wird Zeit gegeben, um Voraussagungen zu machen, was wesentlich zur Entwicklung ihrer denkenden Fähigkeiten beiträgt. Das Auf und Ab der Wiederholungen steigert bei Kindern das Üben von wesentlichen Fähigkeiten und Vorstellungen. Die erfolgreiche Voraussage, was als nächstes passiert, ist ein wichtiger Aspekt zum Gedanken, < ich kann es, ich weiß es!>*“[116] Die Kinder lernen langsamer als die Erwachsenen. Durch das Wieder-holen wird das Lernen im Vorschulalter gefördert und das spielerische Lernen steht im Mittelpunkt.

Die Teletubbies vermitteln den Kindern eine kindgerechte Erzählweise, die schon der Kinderpsychologe Bruno Bettelheim gefordert hat. *„Ein kleines Kind kann von sich aus wenig tun und fühlt sich deswegen manchmal so enttäuscht, dass es aufgibt.*“[117] Denn gerade *„das Märchen verhütet dies dadurch, dass es der kleinsten Leistung außerordentlichen Wert beimisst und die wunderbarsten Folgen verheißt.*“[118].

Die Bauchgeschichten

Bei den wiederholten Bauchgeschichten werden reale Geschichten vermittelt, in denen die Kinder die Hauptrolle spielen. Diese zeigen lehrreiche Alltagskurzfilme, in denen es z.B. darum geht, wie ein Elefant gewaschen wird oder wie zwei Kinder mit ihren Lieblingsfarben umgehen. Die Bauchgeschichten zeigen klare und einprägsame Filme über die kindliche Lebenswelt und vermitteln ein reales Kinderbild, welches der kindlichen Realität nahe ist.[119] Durch die

kindgerechte Wiederholung ist die kindliche und reale Lebenswelt der Kinder besser zu verarbeiten. Der Lernschritt liegt einmal im Verarbeiten des Wiederholten und in dem, was in den Bauchgeschichten gezeigt wird, die Lernschritte von alltäglichen Erlebnissen und Erfahrungen der Kinder.
Die Teletubbies zeigen den Kindern durch spielerisches Lernen die Abwechslung von Realität und Fiktion.

Die Sendung vermittelt eine einfache Welt. Sie bietet in ihrem Aufbau und ihrer Gestaltung den Kindern in den Elementen 2, 4, 5, 6 und 7, die sie dazu anregen, die Sendung nicht nur passiv, sondern aktiv zu verfolgen. Durch ihren Aufbau und ihrer Gestaltung bietet die Sendung den Kindern Rezeptionsräume an, damit sie sich das Gesehene auf unterschiedlicher Art und Weise aneignen können. Durch das Wiederholen vermittelt sie den Aspekt des Lernens, der Orientierung, der Vertrautheit, sich kompetent zu fühlen, etc.. [120]
Es sind erzieherische Inhalte bei den Teletubbies vorhanden, diese stehen aber nicht im Vordergrund des Lernens, sondern befinden sich im Hintergrund.[121]

Die Teletubbies-Figuren in unterschiedlichen Produkten

Am Beispiel von drei Printmedien

Das Teletubbies Pappbilderbuch

Am 25.07.2000, um 18.30 Uhr lief im Kinderkanal der Teletubbies-Sendung die folgende Große Geschichte im Tubbyland.

Gezeigt wurde eine Gute Nacht-Geschichte im Tubby-Iglu. Die Teletubbies gehen zu Bett. Ein Teletubby nach dem anderen steht aus seinem Bett auf und spielt außerhalb des Iglus mit seinem Lieblingsgegenstand. Der Reihe nach spielen Po, Laa-Laa, Dipsy und Tinky-Winky außerhalb des Iglus. Während die anderen schlafen, spielt abwechselnd immer ein Teletubby. Nach kurzer Zeit merken dies die anderen drei Teletubbies und wundern sich über das Fehlen des jeweiligen Teletubby. Sie freuen sich, wenn sich dieser wieder im Iglu befindet, nach dem es ihm zuvor bewußt wird, daß er eigentlich schlafen sollte.

Die gleiche Geschichte erscheint unter dem Titel, „Teletubbies, Gute Nacht, liebe Freunde" im Ravensburger Buchverlag Otto Maier GmbH im Pappbilderbuch.[122] Das Pappbilderbuch ist wie folgt aufgebaut. Die Teletubbies-Figuren haben die gleichen kräftigen Farbtöne wie sie in der Sendung gezeigt werden. Die Bilderbuchgeschichte hat den gleichen Inhalt, die gleichen Handlungsfolgen, wie sie in der Sendung am 25.07.2000 gezeigt wurde.
Die Bilder, die darin abgebildet sind, sind identisch mit der Sendung. Sie zeigen Szenen und Handlungen der Teletubbies im und vor dem Iglu. Die Bilder sind groß und sehr farbig. Die Hintergrundseiten, auf denen sich diese Bilder befinden, sind aus farbigen Pastelltönen. Im Vordergrund befinden sich die farbkräftigen Teletubbies. Auf jeder Seite am oberen Rand befinden sich kurze Sätze, welche zu der Handlung und den Zusammenhang des jeweiligen Bildes hinführen, erklären und begleiten. Diese Sätze erzählen den jeweiligen Inhalt des Bildes, um was es sich momentan handelt. Oberhalb der Teletubbies Köpfe sind die einfachen Wörter bzw. Sätze abgebildet, welche die Äußerungen der Teletubbies sind. Diese geben deren Gefühlszustände oder die Äußerungen zur Szene bzw. Handlung wieder. Diese Äußerungen sind entweder Wörter, die typischen Teletubbies-Wörter, wie Ah-Oh, Oh-Oh, oder Winke-Winke oder kurze, grammatikalisch sinngebende Sätze. Diese begleiten die Handlung und die Geschichte.
Insgesamt sind viele große oder kleine Bilder und wenige Sätze im Pappbilderbuch abgebildet. Die Sätze begleiten die Bilder, führen auf eine kommende oder vorhandene Handlung hin bzw. begleiten diese, damit der Betrachter, dem Ablauf der Geschichte folgen kann.
Das Buch hat einen sehr bildhaften Aufbau. Neben den großen Bildern auf einer Seite, sind auch große und kleine Bilder, oder auch nur kleine Bilder auf einer Seite, abgebildet. Diese zeigen Handlungen, die parallel stattfinden, die aber in der Sendung hintereinander gezeigt werden. Diese geben dann Aufschluß, was in den einzelnen Szenen, im Inhalt der Geschichte passiert.

Die Teletubbies spielen hier mit ihren Lieblingsgegenständen, anstatt im Bett zu bleiben und zu schlafen. Die Sprechtröte, am linken unteren Seitenrand, sagt immer das gleiche, was die Teletubbies jetzt tun sollen. Die Kinder können anhand der Bilder die Geschichte verfolgen.

Das Teletubbies, „Ein schöner Tag mit Po", ein Mal- und Spielbuch vom Ravensburger Buchverlag Otto Maier GmbH

Das Buch besitzt eine Rahmenhandlung. Sie erzählt von einzelnen Erlebnissen, die Po im Laufe eines Tages erlebt, und die dargestellt sind. Auf jeder Seite werden die Kinder aufgefordert, unterschiedliche Aktivitäten zu machen, sei es malen, schneiden, kleben, zählen, pusten etc.
In diesem Buch sind Szenen, Situationen einzelner oder von allen Teletubbies, typische Elemente wie das Windrad, die Sprechtröte, das Sonnengesicht, der Staubsauger und Momente aus dem Tubbyland, sowie das Innere des Iglus in schwarzen Umrissen auf den weißen Seiten, abgebildet.
In dem Mal- und Spielbuch sind einzelne abgeschlossene Teletubby-Geschichten auf 2 bzw. 2 bis 4 Seiten abgebildet.
Die Kinder haben hier die Möglichkeit, die Seiten bunt zu bemalen oder zu bekleben. Auf jeder Seite erhalten sie von der Sprechtröte eine spezielle Aufforderung, z.B. ihr eigenes Bild in Po`s Bauch einzukleben, hier erscheint dann ihr reales Bild im Bauch von Po. Oder einen fehlen-den Teletubby zu malen, auf Dipsy`s Kopf seinen Hut malend zu ergän-zen oder für Noo-Noo durch eingeklebte Papierstückchen Unordnung zu schaffen. Die Kinder sollen sich aktiv bei der Gestaltung an den einzelnen Konturen, die auf jeder Seite anders sind, beteiligen. Sie müs-sen sich bei der Gestaltung an die Sendung erinnern. Beim Ausmalen z.B. von Po, ist es für die Kinder wichtig zu wissen, welche Farbe Po hat. Jedes einzelne Element im Buch hängt mit der Ausgangssendung zusammen. Die Kinder müssen sich daran erinnern, welche Farbe hat Po in der Sendung, wie sieht Noo-Noo aus und welche Funktion hat er. Wie sieht das Windrad aus oder was befindet sich in der Sonne. Für das Ausmalen ist die Erinnerung an die Sendung wichtig.
Die Kinder sehen Szenen aus der Sendung, sollen sich an diese erin-nern und die Szenen im Buch zu Ende malen. Sie sind

aufgefordert, die Geschichte zu ergänzen und ihr Wissen an die Sendung anzuknüpfen. An einer Seite, erscheinen die drei schlafenden Teletubbies, einer fehlt, aber welcher ? Hierzu werden die Kinder zum Zählen motiviert, Benennen und Malen des fehlenden Teletubby. Ergänzt werden die Aktivitäten der Kinder, in dem sie die auf der Rückseite des Buches klein gedruckten Teletubbies ausschneiden und diese auf eine Rutsche hinaufpusten sollen.

Das Teletubbies Magazin Sommer-Special 2/2000 aus dem Panini Verlag GmbH

Das Magazin ist in folgende Kapitel aufgebaut.

Seite 4 -7. „Po`s Zauber-Gießkanne, Teletubbies-Geschichte“. Es wird eine kurze Geschichte erzählt, die aus 17 einzelnen großen Bildern besteht. Die einzelnen Bilder zeigen einzelne Handlungen der Teletubbies im Teletubby-Land mit ihren Lieblingsgegenständen. Zu den Bildern befinden sich kleine und kurze Sätze, die die Handlung der Geschichte und die Bilder begleiten, erzählen und erklären. In den Sprechblasen sind die typischen Teletubbies-Wörter, wie Ah-oh, Oh-Oh, Winke-Winke oder Sätze, die aus Hauptwörtern und Verben bestehen, die den Gefühlszustand und deren Absicht erläutern. In der Geschichte wird erzählt, wie Po die Lieblingsgegenstände der anderen Teletubbies mit der Gießkanne gießt und wie sich diese daraufhin vergrößern. Die Geschichte ist aufgrund ihrer Bilder, in denen die Handlungen bildlich dargestellt werden, und den vorhandenen Sätzen leicht zu verstehen und nachvollziehbar. Hier wird bildlich eine Große Geschichte im Teletubbyland abgebildet, welche Erfahrungen und Erlebnisse der Teletubbies darstellt.

Seite 8 + 9. „Wer findet die Gießkanne ? Folge den Wegen“. Dargestellt sind auf der Seite 8 die Teletubbies in der Reihenfolge Tinky-Winky, Dipsy, Laa-Laa und Po, auf einem großen Bild. Von ihnen gehen wie eine Art Labyrinth, ein Faden in Richtung einer Gießkanne, aber nur der Faden von Po führt zur Gießkanne. Auf der Seite 9 befindet sich ein Poster, auf dem Po mit der Gießkanne in der Hand zu sehen ist.

Die Aufgabe verlangt vom Kind herauszufinden, von welchem Teletubby der Faden zur Gießkanne führt, wie viele Blumen auf der Wiese sind und welcher Teletubby die blaue Blume findet. Die Seiten hängen mit der vorhergehenden Geschichte zusammen, da Po auf den folgenden Seiten im Mittelpunkt steht. Bei der ersten Bauchgeschichte wird Po als einziger Teletubby abgebildet.

Seite 10 + 11. „Sommerlied, Sing und mach mit".
Es handelt sich dabei um ein einfaches Lied, mit einem leicht verständlichen Inhalt, bestehend aus vier Zeilen, die sich am Ende reimen. Der Betrachter kann den Inhalt des Liedes leicht nachvollziehen und die Wörter leicht aussprechen.
Zu den abgebildeten Teletubbies befindet sich bei jeder Figur, eine separate Beschreibung in Sätzen, wie sich die jeweilige Figur zu dem Lied bewegt. Tinky-Winky dreht sich im Kreis, Dipsy tanzt, Laa-Laa klatscht in die Hände und Po hüpft.

Seite 12 – 15. „Komm und schau... Ein Tag am Strand".
Gezeigt wird eine Geschichte aus 13 einzelnen großen Bildern, auf denen Kleinkinder und Kinder abgebildet sind, die am Strand aus Sandteletubbiesformen kleine Teletubbies herstellen. Neben den Bildern be-finden sich Sätze, die von den Kindern stammen bzw. die den Bezug zum Bild, den Kindern und der Handlung erläutern. Die Kinder begrüßen den Betrachter, erklären wo sie sind, wie sie sich fühlen, was sie machen und ob dies leicht oder schwer ist, was sie machen. Schritt-weise beschreiben sie ihr Vorgehen. Dann unternehmen sie einen Strandspaziergang, erzählen was sie währenddessen gemacht, wie sie sich gefühlt, was sie erlebt, was sie gefunden haben und halten danach ein Picknick ab. Anschließend verabschieden sich die Kinder und die abgebildete Po ruft, „Noch-mal ! ".
Hier erscheint im Magazin eine Bildergeschichte, die in ihrem Aufbau einer Bauchgeschichte aus der Sendung entspricht und die Erlebnisse von realen Kindern zeigt.

Seite 16 - 17. „Gieße die Blume, Ein lustiges Brettspiel".
Dabei handelt es sich um das Basteln eines Brettspieles, das die Kinder durch Ausschneiden und Kleben herstellen können. Eine Spielanleitung erklärt leicht und verständlich deren Aufbau.

Das Tubby-Turnen-Poster befindet sich in der Mitte des Magazins.
„Großes Tubby-Turnen". Auf einem großem Activity Poster werden anhand von 15 einzelnen Bildern, auf denen abwechselnd die verschie-denen Teletubbies abgebildet sind, die Kinder schrittweise zu unter-schiedlichen Turnschritten aufgefordert. Jedes Teletubby-Bild zeigt eine andere einfache Körperhaltung einer Figur, die in ihrer Reihenfolge eine komplette Turnübung darstellt. Im 8. Bild wird an einer Sprechblase gezeigt, wie Po „Noch – mal !" ruft. In den nächsten 7 Bildern werden dann andere einzelne Turnschritte gezeigt.

Seite 18 - 19. „Komm und schau.... Ein leckerer Eisbecher".[123]
Gezeigt wird eine Geschichte aus 7 einzelnen großen Bildern in denen ein Mädchen abgebildet ist, mit darunter stehenden Texten. Diese Texte stellen die Äußerungen des Mädchen dar, die einen Bezug zu den Bildern und der Handlungsgeschichte herstellen. Das Mädchen be-grüßt den Betrachter, sie stellt sich vor und sagt, daß sie heute einen Eisbecher zubereitet. In den jeweiligen Bildern werden die einzelnen Schritte gezeigt, wie sie vorgeht und was sie macht, bis ihr Eisbecher fertig ist. Dann verabschiedet sie sich von dem Betrachter. Die abgebil-deten Teletubbies, in der Reihenfolge Tinky-Winky, Dipsy, Laa-Laa und Po, sagen in der Sprechblase, „Noch-mal !".
Hier erscheint im Magazin eine Bildergeschichte, die in ihrem Aufbau einer Bauchgeschichte aus der Sendung entspricht und das Erlebnis eines realen Kindes zeigt.

Seite 20 - 21. „Ausmalbild, Ausmalen und Ausschneiden".
Die Teletubbies sind in der Reihenfolge Tinky-Winky, Dipsy, Laa-Laa und Po mit schwarzen Konturen auf 2 weißen Seiten abgebildet. Dar-gestellt ist im Hintergrund das Teletubby-Land und im Vordergrund be-finden sich die Teletubbies, ebenso Laa-Laa`s Ball. Das Bild ist von einem gelben Rahmen umschlossen. Die Aufgabe ist hier, daß die Teletubbies und Laa-Laa`s Ball ausgemalt werden können. Der Ball soll ausgeschnitten werden, mit dem dann das Kind spielerisch den Ball von einem zum anderen Teletubby überreicht.

Seite 22 - 23. „Wo ist was ?, Finde die Bilder".
Abgebildet ist ein Teil des Innenraumes vom Iglu. Die Teletubbies
sind mit bestimmten Gegenständen und mit Noo-Noo abgebildet.
Auf der linken Seite sind vier Objekte mit einem weißen
Kästchen abgebildet. Die Kinder sind hier aufgefordert, diese vier
Objekte in dem großen Bild zu suchen. Nach dem
Wiedererkennen sollen die Kinder das weiße Kästchen neben
den jeweiligen Objekten mit einem Kreuz versehen.

Seite 24 - 27. „Der Spaziergang".
Es wird eine Geschichte erzählt, die aus 16 einzelnen großen
Bildern besteht. Die einzelnen Bilder zeigen den
Handlungsverlauf der Ge-schichte der Teletubbies im
Teletubbyland. Zu den Bildern befinden sich kleine kurze Sätze,
die die Handlung und Szenen der Geschichte zu den
dargestellten Bildern begleiten, erläutern und erklären. Die Sätze
erzählen die Geschichte. In Sprechblasen, die zu den
Teletubbies weisen, sind die typischen Teletubbies-Wörter, wie
Ah-Oh, Oh-Oh, Winke-Winke oder Sätze, die aus einem
Substantiv und Verb bestehen und deren Wunschäußerungen
und Gefühle, abgebildet. Die Geschichte handelt von einem
Spaziergang der Teletubbies durch das Teletubbyland. Die
Teletubbies sind in der Reihenfolge Tinky-Winky, Dipsy, Laa-Laa
und Po abgebildet. Nachdem Po, Laa-Laa und Dipsy während
ihrem Spaziergang auf ihre Lieblingsgegenstände stoßen, trennt
sich jedes Teletubby von der Gruppe und spielt mit seinem
Lieblingsgegenstand alleine weiter. Tinky-Winky geht dann
alleine nach Hause.
Hier wird bildlich eine Große Geschichte im Teletubbyland
umgesetzt, welche Erfahrungen und Erlebnisse der Teletubbies
darstellt.

Seite 28 – 29. „Nach Hause gehen, Bring die Teletubbies nach
Hause".
Abgebildet ist der Eingang des Iglus. Das Kind ist aufgefordert,
die hintereinander stehenden Teletubbies, in der Reihenfolge
Tinky-Winky, Dipsy, Laa-Laa und Po, auszuschneiden, ebenso
den Eingang des Iglus senkrecht aufzuschneiden, und die
Teletubbies durch den Ein-gang in den Iglu zu schieben.
Diese Seiten entsprechen in der Sendung der Verabschiedung.

Diese Tätigkeit setzt, die vorherige Geschichte des Spaziergangs und deren Zusammenhang verstanden zu haben, voraus, um die Teletubbies aktiv nach Hause zu bringen.

Seite 30 - 31. „Noch mehr Ausmalspaß, Ausmalen und Punkte verbinden".
Gezeigt werden die schwarzen Konturen der Teletubbies, die am Tisch Tubby-Toast essen. Die Malfläche ist weiß, mit blauem Rahmen. Die Figuren sollen mit Bunt- oder Filzstiften ausgemalt werden. Noo-Noo, der durch einzelne Punkte dargestellt ist, soll durch die Verbindung der einzelnen Punkten mit Linien vervollständigt werden.

Der Aufbau und die Inhalte des Magazins orientieren sich bei der Gestaltung an die Sendung. In dem Magazin sind die Bauchgeschichten, die Große Geschichte im Teletubbyland, Tänze, einzelne Szenen oder Geschichten aus der Sendung etc. im Magazin erhalten. Es sind einfache Wiederholungen, einfache Erzählstrukturen, Zusammenhänge von Geschichten, der Wiedererkennungseffekt und sprachliche und gedanklichen Anregungen im Magazin vorhanden. Das Magazin über-nimmt die Struktur der Sendung.

Am Beispiel von fünf unterschiedlichen Produkten

Hasbro Knetmarke Play-Doh[124]

Dieses Produkt besteht aus vier Dosen mit unterschiedlicher Knetmasse und unterschiedlichen Formen. Von der Knetmasse gibt es die vier Farben violett, grün, gelb und rot, die den jeweiligen einzelnen Figuren aus der Teletubbies – Sendung entsprechen. Dazu gibt es die Figuren-formen der Teletubbies und die Formen der Lieblingsgegenstände der einzelnen Teletubbies. Jede Figurenform ist in einer anderen Haltung dargestellt, z.B. Po ist in der gebeugten Haltung in der Form gestaltet, die sie inne hat, wenn sie auf dem Roller steht. Dazu gibt es die Form, die den Roller darstellt.

Das Teletubbies-Spielset[125]

Es stellt das Innere des Iglus der Teletubbies, mit der Rutsche, dem Fahrstuhl, den Betten, der Pudding- und der Toastermaschine und dem Eßtisch dar. Der Iglu ist, wie eine Puppenstube, aufklappbar. Das Innere des Iglus ist genauso aufgebaut und mit den gleichen kräftigen Farbtönen gestaltet, wie es in der Teletubbies-Sendung gezeigt wird. Dazu gehören die vier Figuren und der Staubsauger Noo-Noo. Das Spielzeug besteht aus Kunststoff.

Das 3D-Mensch-Ärgere-Dich-Nicht-Spiel von der Firma Happy Toys [126]

Das Spiel besitzt eine quadratische Grundform und ist wie ein herkömmliches Mensch-Ärgere-Dich-Nicht-Spiel aufgebaut. Auf dem Brett ist der Iglu und die Umgebung von der Draufsicht farblich abgebildet. An den vier Eckpunkten befindet sich jeweils das Zuhause eines Teletubby. Im Vergleich zum herkömmlichen Mensch-Ärgere-Dich-Nicht-Spiel, bestehen hier die vier Spielfiguren, aus jeweils einer Teletubby-Figur. Die drei anderen Spielfiguren haben die Gestalt der Lieblingsgegenstände der jeweiligen Teletubbies. Der Würfel ist ein ganz normaler Standard-Würfel.

Die Teletubbies Stoffigur

Bei dem nachfolgenden Produkt handelt es sich um die Plüschfigur Laa-Laa von der Firma Hasbro.[127]
Die Figur ist mit einer geringelten Antenne ca. 36 cm und ohne Antenne ca. 26 cm groß und hat mit ihren ausgestreckten Armen eine Weite von ca. 25 cm.
In ihrem Aussehen und in ihrer Gestaltung entspricht sie der Laa-Laa - Figur, wie sie in der Teletubbies-Sendung zu sehen ist. Die Figur hat einen kräftigen Gelbton, auf dessen Bauch sich ein bläuliches Quadrat befindet und bei Lichteinfall silbrig schimmert und glänzt.
Die Figur ist handlich anzufassen, sehr griffig und weich. Der gelbe Stoff ist aufgeraut. Die Beckenpartie der Figur ist stark ausgeprägt. Auf der Rückseite ist die Figur annähernd flach. Die

ovale Auftrittsfläche des Fußes der Figur ist aus grauem Stoff hergestellt, auf dem sich kleinen runde Noppen befinden. Sie hat einen großen und breiten Körper, einen großen Kopf, große ovale Ohren, die innen sandfarbig, außen gelb sind und ein großes rundes Gesicht. Das hellbeige Gesicht hat einen schmalen, kleinen lächelnden Mund, dessen Unterlippe leicht nach unten geöffnet ist und eine Stupsnase. Die großen runden Augen öffnen und schließen sich beim Bewegen der Figur. Die Augenpartie nimmt 1/3 des Gesichtes ein. Die Stirnpartie ist groß und besitzt 1/3 der Gesichtsfläche.

Die Figur sieht genauso aus, wie die Abbildungen in den oben genannten Printmedien und dem „Teletubbies 4 Spiele mit Riesenkarten".

Was vermittelt die Bauchgeschichte „Ein leckerer Eisbecher"[128]

Hier erscheint im Magazin eine Bildergeschichte aus 7 einzelnen Bildern, die in ihrem Aufbau einer Bauchgeschichte aus der Sendung entspricht und die Erlebnisse eines realen Kindes zeigt. Es wird hier eine reale Alltagsgeschichte vermittelt, die jeden Tag statt-finden kann. Die Bilder vermitteln Erlebnisse und Erfahrungen eines Kindes in seinem Umfeld, die in Bildern und Sätzen gezeigt werden. Diese Erfahrungen und Erlebnisse werden in sieben einzelnen Bildern schrittweise gezeigt und sind vom Betrachter nachvollziehbar.

In den Bildern und in den Sätzen kann der Betrachter sehen, was in der Geschichte gezeigt und welcher Inhalt vermittelt wird. Dem Betrachter wird in den Bildern ein Kind gezeigt, das an einem Tisch mit Zutaten und Gegenständen sitzt.

Das Kind stellt sich durch die abgebildeten Bilder dem Betrachter vor, erklärt was es jetzt und in den folgenden Bildern bzw. der Geschichte macht. Es bereitet einen Eisbecher zu. Es wird dargestellt, was das Kind schrittweise in den Bildern zeigt. Das Kind zeigt, wie es den Eisbecher zubereitet und welche Gegenstände das Kind dazu benötigt und verwendet. Durch die Bilder wird dem Betrachter vermittelt, in welcher Reihenfolge das Kind den Eisbecher zubereitet und die Reihenfolge der Zutaten. Es wird durch die Bilder und den Sätzen vermittelt, wie und mit welchen Zutaten das Kind den Eisbecher dekoriert, wie der fertige Eisbecher aussieht und daß der Eisbecher dem Kind schmeckt.

Durch die Bildergeschichte werden die einzelnen Schritte der Zubereitung eines Eisbechers bildlich und schriftlich dargestellt. Die einzelnen Bilder und Sätze zeigen die Zubereitung des Eisbechers.

In der Bildergeschichte wird dem Betrachter gezeigt, wer macht was, wo wird es gemacht, was wird gemacht, wie wird es gemacht, was wird benötigt, wie sieht es aus und wie schmeckt es. Dem Betrachter wird das schrittweise Vorgehen von einzelnen Lerninhalten durch große Bilder und leicht verständliche Sätze dargestellt und vermittelt.

Die Bilder geben dem Betrachter die Möglichkeit sich auf das einzelne Bild zu konzentrieren und sich mit dem Inhalt des Bildes auseinander-zusetzen. Der Betrachter kann sich die Zeit nehmen, um auf das einzelne Bild einzugehen und es bis ins Detail zu betrachten. Der Betrachter kann Gegenstände aus dem Alltag wiedererkennen, zuordnen und einordnen.

Der Aufbau der Bilder gibt dem Betrachter die Möglichkeit den weiteren Handlungsablauf der Bildergeschichte zu erkennen und zu vermuten, welche Schritte als nächstes kommen. Diese treffen dann auch ein.

Dem Betrachter wird, anhand von den einzelnen Bildern und von den darunter stehenden Sätzen, schrittweise eine Alltagssituation dar-gestellt, die er selbst schrittweise verfolgen, nachvollziehen oder um-setzen kann. Er kann die einzelnen Schritte bzw. Bilder, einmal, zwei-mal, dreimal, etc. mehrmals anschauen. Er kann die ganze Bildergeschichte so oft anschauen, so oft wiederholen, wie er will, bis er sie verstanden hat.

In dieser Bildergeschichte wird durch das schrittweise Vorgehen der Bilder und der Sätze ein Lernschritt gezeigt, der den Inhalt der Geschichte leicht und verständlich erklärt. Der Handlungsablauf wird durch das mehrmalige Betrachten der Bilder und des Aussprechens der Sätze leicht verständlich. Der Betrachter kann durch diesen Lernschritt den Inhalt der Geschichte beibehalten, verstehen und sie ist für den Betrachter leicht nachvollziehbar. Hier wird der reale Alltag eines Kindes gezeigt, der die Lernschritte begreifbar und nachvollziehbar erläutert.

Was vermittelt die Geschichte Teletubbies „Gute Nacht, liebe Freunde" ?

Diese Große Geschichte im Teletubbies-Land aus der Sendung wird im Buch bildlich wiederholt.

Das Buch vermittelt den gleichen Inhalt der Geschichte und den glei-chen Handlungsablauf wie er in der Sendung anzutreffen ist.

Das Buch vermittelt einen Wiedererkennungseffekt der Großen Geschichte im Teletubbies-Land, der Figuren und der Geschichte selbst, sofern man die Sendung gesehen hat.

Der Betrachter erfährt im Buch die Wiederholung eines Handlungsablaufes und ein festes Ritual.

Der Wiederkennungseffekt bietet die Möglichkeit, sich an bestimmte Szenen oder Situationen aus der Sendung zu erinnern. Dies ermöglicht eine Orientierung des Handlungsablaufes im Buch und die Möglichkeit die Geschichte vorauszusagen.

Die farbigen Bilder vermitteln Szenen bzw. Situationen der Geschichte, die einen Bezug zur Sendung herstellen und erklären den Handlungsablauf. Der Betrachter kann sich die Bilder leicht einprägen, behalten und sich an sie erinnern.

Die Wörter bzw. die Sätze der einzelnen bzw. von allen Teletubbies sind sehr kurz und einfach. Sie vermitteln die Äußerrungen und den Gemütszustand des bzw. der jeweiligen Teletubbies. Deren Inhalt ist leicht zu verstehen und nachvollziehbar. Die Äußerungen wiederholen sich zu der jeweiligen Situation des Handlungsablaufs in der Bildergeschichte. Diese Wörter bzw. Sätze vermitteln den Inhalt, was momentan im Bild passiert.

An jedem oberen Rand befinden sich auf jeder Seite Sätze. Die Funk-tion der Sätze liegt darin, daß sie die Bilder und gleichzeitig den Handlungsablauf in der ganzen Geschichte begleiten. Die einzelnen Sätze erklären bzw. kommentieren und begleiten auf jeder Seite den Inhalt der Bilder und was in diesem Moment in den Bildern passiert. Die Handlung der Geschichte ist durch die Bilder und durch die Sätze, die auf jeder Seite vorhanden sind, nachvollziehbar. Die einzelnen Bilder vermitteln die Möglichkeit, die Handlung auch ohne die Sätze zu verstehen.

Am unteren linken Rand erscheint immer die Sprechtröte. Diese vermittelt dem Betrachter in Sätzen, was die Teletubbies auf diesen Seiten machen sollten. Sie vermittelt dem Betrachter, wie der Handlungsablauf der Bildergeschichte nach der Sprechtröte verlaufen sollte. In der Sendung werden die Äußerungen der Sprechtröte von einer Stimme gesprochen.

Der Betrachter kann die einzelnen Handlungen der Geschichte erkennen, da diese sich vier mal wiederholen. Die Wiederholung gibt eine Orientierung in der Geschichte und hilft, den Inhalt leichter zu verfolgen. Aufgrund der Wiederholungen können die darauffolgenden bildlichen Situationen in der Geschichte vorhergesagt, die dann auch eintreffen und bestätigt, werden. Der Betrachter kann darin neue Elemente entdecken, die er vorher nicht gesehen hat. Er kann sich dabei Zeit lassen, sich darauf konzentrieren und kann jede Seite genau bis ins Detail betrachten.

Kinder können darin eigene Erlebnisse entdecken bzw. erfahren, die sie selbst haben, wenn sie zu Bett gehen. Sie können auch ihre Lieblingsgegenstände oder ihre Lieblingsteletubbies darin wieder erkennen und finden.

In der Pappbilderbuchgeschichte wird ein Wiedererkennungseffekt, ein A-Ha-Effekt einer bekannten Geschichte zur Sendung hergestellt, sowie eine Wiederholung und eine Kontinuität zu einer bestimmten Handlung wiedergegeben. Das Buch vermittelt eine Geschichte, die ein festes Ritual besitzt und das wiederholt wird. Dieses feste Ritual wird am Beispiel vor der Einschlafenszeit der Teletubbies gezeigt. Jeweils ein Teletubby wacht auf, geht aus dem Bett und spielt mit seinem Lieblingsgegenstand vor dem Iglu und kommt nach dem Spielen in den Iglu, um weiter zu schlafen. Dieser Vorgang wiederholt sich, in einer bestimmten kontinuierlichen Reihenfolge durch die Teletubbies, vier mal in der Geschichte.

Das geeignete Material der Figuren für die Kinder

In ihrem Aufbau und in Ihrer Gestaltung entspricht die Sendung der kleinkindlichen Wahrnehmung und deren Verarbeitung. Das in der Sendung vorhandene Wiederholen, die festen Rituale und das feste Schema eignen sich zum Lernen von gesehenen Inhalten, die somit besser verstehen und zu verarbeiten sind. Dadurch wird das Selbstbewußtsein und das Selbstvertrauen des Kindes gefördert, da es kommende Handlungen und

Ereignisse vorhersehen und voraussagen kann. Das Kind fühlt sich dadurch bestätigt und kompetent.

Die Sendung und die Figuren regen die Kinder aktiv zum Mitmachen an. Die Sendung verlangt von den Kindern nicht, daß sie der Handlung folgen, sondern bietet ihnen in den Rezeptionsräumen Aneignungsformen an. Die Kinder erfahren dadurch sich selbst und ihre Umwelt.

Die Sprache ist in einer Art und Weise aufgebaut und gestaltet, die die Kinder verstehen, deuten und darin erkennen, daß man in verschiedenen Situationen unterschiedliche Sprachstile verwendet.

Die Figuren und die Geschichten und anhand den beiden Produkten, eignen sich für das Vorschulkind deshalb, weil ihnen darin bekannte Elemente, eigene Erfahrungen und ihre vertraute Lebenswelt dargestellt werden. Die Figuren und deren Verhalten bieten ihnen positive Identifikationsmodelle als Vorbilder an, die sie in den Alltag übertragen können.

Die Bauchgeschichten (die Sendung und in den Produkten) eignen sich als gutes Material für die Kinder, da ihnen zwei Elemente vermittelt werden. Einmal zeigen sie die Alltagsgeschichten von Gleichaltrigen aus der Realität, die ihnen die Möglichkeit bietet, diese alltäglichen Situationen selbst am Beispiel eines Eisbechers umzusetzen. Das Wiederholen dieser Geschichte gibt ihnen die Möglichkeit, den Inhalt des Gesehenen durch schrittweises Lernen zu verstehen und zu verarbeiten. Zweitens zeigt die Bauchgeschichte eine Geschichte, die einen Bezug zur realen Welt herstellt. In der Sendung kommen außer in den Bauchgeschichten, keine realen Personen vor. Die Bauchgeschichte besitzt aber Elemente aus der realen Welt und zeigt Filme, die real sind.

Die bildliche und farbige Welt der Sendung und die in 3.4.1 erwähnte Pappbilderbuchgeschichte, spricht den Betrachter an und gibt ihm die Möglichkeit, die darin vorhandenen Handlungen nachzuvollziehen.

Die unterschiedlichen und spielerischen Lernaspekte wechseln sich ab und die erzieherischen Inhalte treten durch die verschiedenen Elemente hervor.

In beiden Produkten sind wichtige Elemente aus der Sendung umge-setzt und realisiert worden.

Das Pappbilderbuch Teletubbies „Gute Nacht, liebe Freunde",

besitzt wichtige Aspekte aus der Sendung, wie z. B. das Wiederholen einer Geschichte aus der Sendung, festes Ritual, festes Schema, das Vor-hersagen, sich kompetent fühlen und den Wiedererkennungseffekt.

In der Bauchgeschichte, „Komm und schau..., Ein leckerer Eisbecher", sind Elemente, wie z.B. die reale Alltagssituation und die Erfahrungs-welt eines Kindes, der schrittweise Lerneffekt des Inhaltes der Ge-schichte, der durch Bilder, Sätze und der Wiederholung, realisiert worden ist.

In diesem Abschnitt habe ich bewußt auf Zitate und Quellenangaben verzichtet, um eine kompaktere Zusammenfassung für das geeignete Material der Sendung und der Figuren herzustellen.

Auf darin enthaltene Inhalte, Gesichtspunkte und Wiederholungen bin ich speziell auf einzelne vorangegangene Kapiteln eingegangen und habe noch einmal darauf aufmerksam gemacht.

Die Gestaltung und der Aufbau der Figuren in und auf den Produkten

Die vier Teletubbies sind in ihrer Proportion und in ihrer Farbe genauso aufgebaut und gestaltet, in oder auf den Produkten abgebildet, wie sie in der Sendung gezeigt werden.

Tinky-Winky, der größte der Teletubbies ist violett, der Dipsy ist grün, die Laa-Laa ist gelb und die kleinste, ist die rote Po.

Wenn die Teletubbies mit ihren Lieblingsgegenständen, in oder auf den Produkten abgebildet werden, dann sind es immer die gleichen Lieblingsgegenständen, wie sie auch in der Sendung gezeigt werden.

Sie werden aber auch ohne ihre Lieblingsgegenstände in oder auf den Produkten abgebildet.

Erscheinen sie mit ihren Lieblingsgegenständen, dann z.B. im Zusammenhang mit bestimmten Produkten oder in den abgebildeten Bildergeschichten.

Mit ihren Lieblingsgegenständen erscheinen sie auch, wenn alle vier Figuren auf einer Seite erscheinen, z.B. auf der Frontseite eines Produktes oder eines Prospektes. Es erscheint aber auch jedes einzelne Teletubby mit seinem Lieblingsgegenstand alleine, in einer Seite, auf einem Sticker oder auf einem Produkt,

z.B. beim „Teletubbies 4 Spiele mit Riesenkarten".
Dazu kommt noch, dass entweder alle vier Teletubbies, nur zwei
oder jedes Teletubby alleine in oder auf einem Produkt erscheint.
Wenn alle Teletubbies in oder auf den Produkten erscheinen,
bzw. wenn in dem Produkt eine Geschichte vorhanden ist, sind
sie meistens in der folgen-den Reihenfolge anzutreffen, Tinky-
Winky als größter, dann der Dipsy, die Laa-Laa und die kleine
Po. Die Reihenfolge ist immer die gleiche, ob sie hintereinander
oder nebeneinander stehen und abgebildet sind. Ein Beispiel, am
Ende der Bauchgeschichte „Ein leckerer Eisbecher" rufen die
abgebildeten Teletubbies „Noch-mal."
In oder auf den Produkten werden die vier Figuren aber auch
nach folgender Reihenfolge abgebildet. Tinky-Winky und die Po
zusammen, neben oder hintereinander, mit der Laa-Laa und dem
Dipsy zusammen, abgebildet.
Oder, vom Betrachter aus gesehen Tinky-Winky in der Mitte,
Dipsy rechts, Laa-Laa links und vorne Po.
Werden zwei Teletubbies abgebildet, dann erscheinen immer der
Tinky-Winky und die Po, bzw. die Laa-Laa und der Dipsy
zusammen.
Hier findet in der Reihenfolge immer eine feste Kontinuität und
eine Wiederholung der abgebildeten Figuren in oder auf den
Produkten statt.

Die Erstellung dieses Abschnittes erfolgte auf der Beobachtung
der mir zur Verfügung gestandenen Lizenzprodukten bzw. von
Abbildungen in Verlags- und Versandkatalogen, aus Prospekten
und dem
Teletubbies-Magazin.

Die Figuren in und auf den Produkten

Die Teletubbies-Produkte sind kindgerecht in deren
Wahrnehmung und deren Verarbeitung auf die Zielgruppe der 2 –
5 jährigen Kinder ausgerichtet und umgesetzt. Die Produkte
stellen in ihrem Aufbau und in ihrer Gestaltung einen direkten
Bezug zu einzelnen Szenen bzw. Ge-schichten, Figuren oder
anderen Elementen, die in der Sendung auftre-ten, her. Es gibt
verschiedene Produkte mit unterschiedlicher Ausprä-gung und
Gestaltung für unterschiedliche Alltagsbereiche im Lebens-,

Lern-, und Erfahrungsraum der Kinder.

Hier eine Auswahl:

Im Genußmittelbereich gibt es:
Eis am Stil, Süßigkeiten, Lebensmittel, Nahrungsmittel, Toast etc.

Im Bekleidungsbereich gibt es:
Armbanduhren, Gürteltaschen, Kinderkleidung aller Art, etc.

Artikel für das Zimmer wie:
Bettwäsche, Kissen, Decken, Uhren, etc.

Für die Pflege: Handtücher, Waschlappen, Kulturbeutel,
Planschbecken, Wundpflaster, etc.

Zum Spielen, Lernen und für die Schule gibt es:
Hörkassetten, Bücher, CD´s, Telefon, Papp-, Mal-, Spiel- und
Bilderbücher, Puppenutensilien, Zeitschriften, Magazine, Poster,
Sticker, Spielsachen, Spiele, Audio- und Videokassetten, Plüsch-
und Plastikfiguren, Masken, Wettlaufspiel, Memory, Domino,
Riesenkarten, Knetartikel, etc.

Für das Essen gibt es:
Party-Set, Servietten, Geschirr-Set, Trinkglas, Brotdose,
Lerntasse, Getränkeflasche, Besteck, Babyflaschen, etc.

Und andere Produkte wie:
Rucksäcke, Schlüsselanhänger, PC- und Fahrradzubehör, etc.[129]

Die Vermarktung der Lizenzprodukte

Die Teletubbies werden in oder auf unterschiedlichen Produkten
umgesetzt, abgebildet und vermarktet.
Diese Produkte gibt es aber auch ohne das Lizenzthema der
Teletubbies zu kaufen. Es sind typische Alltagsprodukte,
angefangen vom herkömmlichen Mensch-Ärgere-Dich-Nicht-
Spiel oder anderen all-täglichen Produkten wie das
Kindergeschirr, den Rucksäcken, den T-Shirts, Plüschfiguren,
Bilderbücher, Bücher, Kinderbettdecken oder Kleidung etc., die

es auch ohne das Lizenzthema zu kaufen gibt. Diese Produkte tauchen in der Lebens-, Lern-, und Erfahrungswelt der Kinder jeden Tag auf und sind für die Kinder feste Bestandteile in ihrem Leben, ohne die sie nicht Leben und Erfahrungen sammeln können. So gehört ein Glas, eine Tasse, die Kinderkleidung etc. zu den alltäglichen Produkten, mit denen ein Kind im Laufe seiner Entwicklung und seines Heranwachsens in seiner Umwelt konfrontiert wird.

Die Teletubbies-Produkte stellen in ihrem Aufbau und in ihrer Gestaltung einen direkten Bezug zu einzelnen Szenen bzw. Geschichten, Figuren oder anderen Elementen, die in der Sendung auftreten, her.

Nun sind es aber auch jene Produkte, mit denen ein Kind täglich konfrontiert wird und die Bestandteil seiner Umwelt sind, auf dem ein Lizenzthema abgebildet ist und zu kaufen gibt. Hier treffen nun zwei Bereiche aufeinander und verbinden sich zu einem neuen Produkt. Einmal das alltägliche Produkt und das Lizenzthema, die in oder auf den Produkten erscheinen.

Es entstehen *Synergieeffekte*[130] von Produkten und dem Lizenzthema. Das Produkt und das Lizenzthema vermitteln dem Kind bzw. dem Käufer einen *Wiedererkennungseffekt*.[131] Die Produkte mit dem Lizenzthema verstärken den Anreiz die Ware zu kaufen. Das Lizenzthema in oder auf den Produkten sprechen das Kind an und das Kind verwendet das Produkt jeden Tag. Das Lizenzprodukt und das Kind sind bei deren Verwendung immer zusammen. Mit dem Lizenzprodukt werden die gleichen Tätigkeiten gemacht bzw. es erfüllt den gleichen Zweck, wie das bisherige Produkt, außer, dass das Produkt mit dem Lizenzthema für das Kind einen besonderen Stellenwert erhält.

Wie oben erwähnt, besitzen die Teletubbies keine kulturell spezifischen Merkmale und es handelt sich bei den Teletubbies um das Kindchenschema. Beide Eigenschaften, dass sie keine kulturell spezifischen Merkmale aufweisen und dem Kindchenschema entsprechen, eignen sich für die Vermarktung, sowohl in Europa, als auch auf der ganzen Welt. Ihre Vermarktung hängt aber auch mit der einheitlichen Optik der Produkte zusammen. Auch, dass bei der Umsetzung und der Vermarktung der Teletubbies-Produkten auf länderspezifische Gegebenheiten, länderübergreifende Standards und des einheitlichen Looks eingegangen wird, um sie somit weltweit in

unterschiedlichen Kulturräumen zugänglichen zu machen.
Die Vermarktung der Teletubbies-Produkte fügt sich zusammen
mit ihrem kulturellen Merkmal, dem Kindchenschema, den
kindgerechten und (100%) gewaltfreien Produkten der
Umsetzung der Serieninhalte speziell für die Zielgruppe, in ihrem
Aussehen, in ihrem Aufbau und in ihrer Gestaltung von der
Sendung.
Alle Elemente, die in einem bestimmten Zusammenhang in der
Sendung erscheinen und auftreten, sind mit den Teletubbies
verbunden. Die positiven Empfindungen und das Wohlbefinden,
die bei der Rezeptionssituation und beim Betrachten der
Teletubbies-Sendung entstehen, wirken sich auch auf die im
Handel vorhandenen Produkte aus.[132]
Alle Produkte, die es mit den Teletubbies gibt, bzw. Produkte in
oder auf denen die Teletubbies abgebildet sind oder die eine
Beziehung zu den Teletubbies herstellen, ob zum Anfassen, zum
Essen, zum Riechen etc. sind kindgerecht hergestellt. Es gibt nur
Teletubbies-Produkte für die Zielgruppe der 2 – 5 jährigen Kinder,
es gibt keine Produkte für die Erwachsenen.
In diesem Abschnitt habe ich auf Zitate und Quellenangaben
verzichtet, um eine kompakteren Zusammenfassung zu
schreiben.
Auf darin enthaltene Inhalte, Gesichtspunkte und
Wiederholungen bin ich speziell auf einzelne vorangegangene
Kapitel eingegangen und habe noch einmal darauf aufmerksam
gemacht.

Zusammenfassung:

Das Merchandising und das Licensing wirken in unterschiedlichen Bereichen der Betriebswirtschaft, in der Industrie, der Kino-, Film-, und Fernsehindustrie, der Kinderkultur und am Beispiel der Teletubbies.

Das Merchandising und das Licensing hat in den Industrienationen einen wesentlichen Bestandteil eingenommen und ist nicht mehr weg-zudenken. Das Merchandising und das Licensing sind so komplex, dass ich nur auf wesentliche Aspekte eingehen konnte. Es wird in den Bereichen der Marketing-Maßnahmen angewendet und darin umgesetzt, die einen absatzfördernden und Umsatz beschleunigen Aspekt besitzen, um ein Lizenzthema nach außen auf bestimmte Lizenzprodukte zu transferieren und bekannter zu machen.

Zum Merchandising und dem Licensing gehören unter anderem auch die Vertragsformen, die Lizenzvergabe, der Lizenzvertrag und deren beteiligte, der Styleguide, die Licensing-Formen und deren Anwendungen in den unterschiedlichen Industrie- und Produktionsbereichen der vergangenen und der momentanen Kulturbereiche. Es ist aus dem Alltag und der Industrie nicht mehr wegzudenken und überall anzutreffen.

Fast jeder Mensch ist heute mit einem bestimmten Lizenzthema zusammen anzutreffen und zu sehen. Ob mit dem Parfüm, mit einem bestimmten Künstler, einer Kleidung, einem Namen, mit dem Sport, einer Personality, einem Character oder einem Medienheld, der Weg des Merchandising und des Licensing ist der gleiche.

Wesentlich beim Merchandising und dem Licensing ist das Erscheinungsbild, das Lizenzthema, das immer einen bestimmten Inhalt, eine bestimmte Ausprägung und einen bestimmten individuellen Stellenwert beim Rezipienten und beim Konsumenten ausübt, einnimmt und das sich an eine bestimmte Zielgruppe richtet bzw. für diese konzipiert ist. Wichtig beim Lizenzthema ist auch der Styleguide, damit er in oder auf unterschiedlichen Produkten unveränderbar wieder zu erkennen und anzutreffen ist.

In dieser Arbeit habe ich mich mit den Teletubbies auseinandergesetzt. Dabei wurden unter anderem die Marketing-Maßnahmen, die vorhandenen Lizenzprodukte, die Zielgruppe, die Sendung, der Qualitätsstandard und der Styleguide, besser gesagt, „den einheitlichen Look", er-wähnt. Die Sendung, die Teletubbies, die Lizenzprodukte, der Qualitätsstandard und der einheitliche „Look" haben einen bestimmten Inhalt, eine bestimmte Ausprägung und einen bestimmten Stellenwert, die zusammenhängen. Diese Zusammenhänge wirken sich auf die kindgerechten und die zu 100% gewaltfreien Produkte aus. Lizenzprodukte sind in bestimmten Bereichen allgegenwärtig und über-all anzutreffen, auch die der Teletubbies, und zwar bei den 2 – 5 jährigen Kindern.

Es gibt Lizenzprodukte, deren Lizenzthemen z.B. aus Filmen, Serien oder Sendungen kommen, in denen Haudrauf-Figuren, Gewalt oder Krieg dargestellt und gezeigt wird. Diese Filme, Sendungen und Serien haben auf einer bestimmten Art und Weise auch eine bestimmte Funktion zum Rezipienten, z.B. bei Tom und Jerry findet die *„..symbolische Auseinandersetzung ..der Macht-Ohnmacht-Relation.."*[133] des Kindes statt.

Die Teletubbies-Produkte basieren auf der genauen Umsetzung der Sendung. Sie werden kindgerecht und 100% gewaltfrei, mit einem Spiel- und Spaßwert, verbunden mit spielerischen Lerninhalten, speziell für die Zielgruppe der 2 – 5 jährigen Kinder umgesetzt. Die verschiedenen lizensierten Produkte enthalten, in ihrem Aufbau und in ihrer Gestaltung und im Vorhandensein von unterschiedlichen Produkten, bestimmte Aspekte. Zu diesen Aspekten gehören, z.B. Spielen und Spaß haben an und durch ein Produkt, im Zusammenhang mit spielerischen Lernschritten. Es gibt Produkte, z. B. Stofffiguren, die man gern haben kann, Pappbilderbücher in dem, die inhaltliche Handlung einer Geschichte, der Wiedererkennungseffekt, das Wiederholen und das Voraussagen anzutreffen ist. Es gibt Produkte, in denen Gute-Nacht-Geschichten auf DC`s und Kassetten vorhanden sind, geeignet für die Zeit vor dem einschlafen. Oder Produkte mit abgebildeten Bauchgeschichten, in denen Alltagsgeschichten von Kindern vorhanden sind, die einen Bezug zum Alltag herstellen und in dem Lernschritte enthalten sind.

Die Sendung, die Teletubbies, die Produkte und die darin enthaltenen Lernschritte hängen zusammen, um bestimmte qualitative Eigenschaften aus einer Sendung in einem Produkt zu realisieren.

Ein weltweites Merchandising, am Beispiel der Teletubbies, das auf länderspezifische Gegebenheiten und Standards eingeht und einen einheitlichen Look fordert, macht sich in seiner Qualität bemerkbar.

Durch die Teletubbies-Produkte wurde ein neuer Käuferkreis erschlossen und eine Marktlücke geschlossen, gleichzeitig werden dadurch Produkte auf den Markt gebracht, die einen Spiel- und Spaßwert besitzen, sowie spielerische Inhalte und erzieherische Lernschritte enthalten.

Literatur

Betriebswirtschaft:

Dr. Böll, Karin, unter Mitarbeit von RA Gottschalk, Matthias:
Merchandising und Licensing, Grundlagen, Beispiele,
Management, Verlag Vahlen, München, Auf. unbekannt, 1999.

Kirsch, Jürgen und Müllerschön, Bernd:
Marketing kompakt, Verlag Wiss. und Praxis, Sternenfels, 3. Auf.,
2000.
Autor unbekannt: Merchandising allgemein,
www.merchandising.de, 02.06.2000.

Medienwissenschaften:

Nicht ohne meinen Alf. Merchandising und Kinderalltag, Flimmo,
Programmberatung für Eltern (Hg.), Nr. 1, Feb.– Mai 00.

Fuchs, J. Wolfgang: Merchandising: Das Nebengeschäft der
Medienindustrie mit den Kindern, Merz, Leske Verlag und
Budrich GmbH, 4/91.

Gangloff, Tillmann, P.: Alle Welt liebt die bunten Bäuchlinge,
Kinder Jugend Film Korrespondenz, Jg. 20/1999/4, Nr. 80/ 4`99.

Gerke-Reinike, Judith: Geklonte Medienhelden, Merchandising
am Beispiel „Pumukl", Eine Untersuchung zum kommerziellen
Medienverbund, Münster, Lit, 1995.

Dr. Götz, Maya: Phänomen Teletubbies, M P, 2/00, 24.Jg.

Prof. Dr. Heidtmann, Horst:
Kindermedien, Sammlung Metzler, Metzler, Stuttgart, 1992.

**Medienwirkungsforschung in der Bundesrepublik
Deutschland:** DFG, Teil 1 Berichte und Empfehlungen,
Weinheim, Acta Humaniora, 1986.

Televizion:

- Bettelheim, Bruno: Brauchen Kinder fernsehen ?, 1/1988.
- Home, Anne: Mit "Tönnchen" lernen: Die Teletubbies, 11/1998/2.
- Titelthema „Die Teletubbies": 12/1999/2.
- Großerichter, Bartley: Merchandising – Ein Muß für Qualitätsprogramme?, 13/2000/1.

Pädagogik:

Autor unbekannt: baby world, Das Spielzeug, 8/99.
Autor unbekannt: Wieso, warum, weshalb, vielleicht findet ihr hier eine Antwort, www.Kinderfreund.html, 28.08.2000.
Autor unbekannt: Titelthemen der Artikel, eine Sammlung von Artikeln aus Zeitschriften, Magazinen und Internetseiten zum Thema Teletubbies, www.evita/contra/Teletubbies.html, 28.08.2000.

Prof. Dr. Baacke, Dieter:
- Zwischen Kompetenz und Schutzbedürftigkeit, Vorschulkinder in Medienwelten, Kindertageseinrichtungen aktuell, Nr. 2/99.
- Die 0 – 5 Jährigen, Einführung in die Probleme der frühen Kindheit, Beltz Tb. 7, Beltz Verlag, Weinheim und Basel, 1999.

Belardi, Nando:
Didaktik und Methodik Sozialer Arbeit, Bd. 4, Diesterweg, Frankfurt, 1. Auf., 1980.

Manfe, Michael: Faszination oder Schreckgespenst, Teletubbies auf dem Weg zum Kultprogramm, Welt des Kindes, 1/2000.

Maus, Sabine: Tötet die Teletubbies !, Eltern, April 2000.

Nickel, Horst und Schmidt-Denter, Ulrich: Vom Kleinkind zum Schulkind, Eine entwicklungspsychologische Einführung für Erzieher, Lehrer und Eltern, Ernst Reinhardt. 4. Auf., 1991.

Niedzwezky, Katja: Der Teletubbie – Report, Alles über`s Teletubbies – Land. www.evita.de/artikel/0,3109,51426,00html, 28.08.2000.

Riemann, Sabine: Die Teletubbies, Grundschule 7-8/00, Westermann.

Rogge, Jan-Uwe: Kinder können Fernsehen, Rowohlt, 1990.

Schönwälder, Johannes: Sind die Teletubbies für kleine Kinder bedenklich ?, Spielen und Lernen, 1/00.

Kindergarten heute:

Einsiedler, Wolfgang:
- Fernsehen und Spielen, Ihre Bedeutung für die kindliche Entwicklung, Ein Vergleich (1), 18.Jg. 1/88.
- Fernsehen und Spielen, Ihre Bedeutung für die kindliche Entwicklung, Ein Vergleich (2), 18.Jg. 2/88.

Schaufelberger, Hildegard:
- Bilder sind gefährlich, Das Bilderbuch in einer veränderten Welt, 19.Jg. 1/89.
- Zusammenspiel von Bild und Text, 17. Jg. 3/87.

Rechtswissenschaft:

Prof. Dr. jur. Harke, Dietrich: Ideen schützen lassen ?, Patente, Marken, Werbung, Copyright, Beck im dtv, 1. Auf., 2000.

Zeitungen, Zeitschriften und Magazine:

Arnu, Titus:
Gegengift zur Dauer-Action, Interview mit Anne Wood, Der Spiegel, Nr.9, 28.02.2000.

Assheuer, Thomas:
Wer hat Angst vor den Teletubbies ?, Die Zeit, 16.12.1999.

Banze, Sonja:
Geldmaschine Teletubbies, Hamburger Abendblatt, 11.12.1999.

Gangloff, Tilmann, P.:
- Ah-Oh allerseits !, Sächsische Zeitung, 01.12.1999.

- Ungeahnte Qualitäten, Hamburger Abendblatt, 08.12.1999.

Heim, Uta-Maria: Programmiert glücklich, Der Tagesspiegel, 08.12.1999.

Metzger, Dagmar, Krulle, Stefan, Ruzas, Stefan:
Die Schnuller-Soap, Focus, 8/2000.

Anmerkungen:

[1] Dr. Böll, Karin, Merchandising und Licensing, Grundlagen, Beispiele, Management, München., Vahlen, 1999, S. 19, Z. 36-37.

[2] Ebd., S. 1, Z. 9-10.

[3] Ebd., S. 1, Z. 36-38.

[4] Ebd., S. 2. Z. 21-22.

[5] Ebd., S. 2, Z. 31-31.

[6] Ebd., S. 2-3.

[7] Ebd., S. 4, Z. 41-44.

[8] Ebd., S. 5, Z. 9-13.

[9] Ebd., S. 15, Z. 3-5.

[10] Gerke-Reinike, Judith, Geklonte Medienhelden, Münster, 1995, S. 59, Z. 8-9.

[11] Fuchs, Wolfgang, Merchandising, 4/91, S. 213, Z. 6-8.

[12] Ebd., S. 214, Z. 12-15.

[13] Dr. Böll, Karin, Merchandising und Licensing, Grundlagen, Beispiele, Management, München: Vahlen, 1999, S. 26, Abb. 11.

[14] Ebd., 106, Z. 24-29.

[15] Gerke-Reinike, Judith, Geklonte Medienhelden, Münster, 1995, S. 8, Z. 11-14.

[16] Ebd., S. 9, Z. 10-15.

[17] Ebd., S. 9, Z. 25-27.

[18] Fuchs, Wolfgang, Merchandising, 4/91, S.208, Z. 7-12

[19] Ebd., S. 210, Z. 13-14

[20] Gerke-Reinike, Judith, Geklonte Medienhelden, Münster, 1995, S. 57, Z. 1-4.

[21] Ebd., S. 13 Z. 8-14.

[22] Merchandising und Kinderalltag, Flimmo, S. 4, Z. 28-29.

[23] Ebd., S. 5, Spalte 1., Z. 8-10.

[24] Dr. Böll, Karin, Merchandising und Licensing, Grundlagen, Beispiele, Management, München: Vahlen, 1999, S. 68, Z. 31.

[25] Ebd., S.32, Z.31.

[26] Gerke-Reinike, Judith, Geklonte Medienhelden, Münster, 1995, S. 19, Z. 21-23.

[27] Ebd., S. 20, Z.7-12.

[28] Merchandising und Kinderalltag, Flimmo, S. 6, Z. 1-3.

[29] Gerke-Reinike, Judith, Geklonte Medienhelden, Münster, 1995, S. 98, Z. 10-12.

[30] Ebd., S. 96, Z. 21 ff.

[31] Heidtmann, Horst, Kindermedien, 1992 S. 176, Z. 20-26.

[32] Gerke-Reinike, Judith, Geklonte Medienhelden, Münster, 1995,

S. 100, Z. 28 ff.

[33] Ebd., S. 110, Z. 6 ff.

[34] Ah-Oh! Hier kommen die Teletubbies, Gute Idee, Herbst 1999.

[35] 1. Ebd.Information für die Presse, Ravensburger Interactive Media, GmbH, S. 1.

[36] Gangloff. Alle Welt liebt die bunten Bäuchlinge, Kinder,Jugend Film, Jhr. 20/1999/4, Nr.8/4'99, S. 48, Z. 1-4.

[37] Ebd., S. 48, Z. 14-15.

[38] Gangloff. Ungeahnte Qualitäten, 08.12.1999 Sp. 3, Z. 34-39.

[39] Gangloff. Alle Welt liebt die bunten Bäuchlinge, Kinder, Jugend Film, Jhr. 20/1999/4, Nr.8/4'99, S. 47, Z. 37-40. und Heim, Uta-Maria, Programmiert glücklich, Der Tagesspiegel, 08.12.1999. Sp. 1, Z. 40-47.

[40] Metzger, D., Krulle, S., Ruzas, S.; Titel, Die Schnuller-Soap, Focus 8/2000, S. 291, Z. 13-14.

[41] Ebd., S. 291, Z. 15-19.

[42] Ebd., S. 291, Sp. 1, Z. 27-30.

[43] Ebd., S. 293, Sp. 3, Z. 17-19.

[44] Ebd., S. 293, Sp. 3, Z. 3-5.

[45] Assheuer, T., Wer hat Angst vor den Teletubbies, DIE ZEIT, 16.12.99, S. 41, Sp. 1, Z. 9-17.

[46] Howard, Sue und Roberts Susan, Moralpanik, in Television, 12/1999/2, S. 25, Sp.1, Z.31-42.

[47] Ebd., S. 25, Sp. 1, Z. 53-57.

[48] Ebd., S. 25, Sp. 1, Z. 57-62.

[49] Banza, Sonja, Geldmaschine Teletubby, Hamburger Abendblatt, Sp. 1, Z. 20-20.

[50] Ebd., Sp. 2, Z. 47-56.

[51] Ebd., Sp. 2, Z. 82-86.

[52] Dr. Götz, Maya, Phänomen Teletubbies, M P 2/2000, Heft 94, S. 60, Sp. 3, Z. 53-55.

[53] White, A., M, Ihr seid Schuld. Die Zeitungen. Televizion 12/1999/2, S.16, Sp. 3, Z.22-26.

[54] Ebd., S. 20, Sp. 2, Z. 5-17.

[55] Heim, Uta-Maria, Programmiert glücklich, Der Tagesspiegel, 08.12.1999, Sp. 1, Z. 33-33.

[56] Die Welt der Teletubbies, Television 12/1999/2, S. 64, Z. 20-21.

[57] Ebd., S. 64, Z. 23-29.

[58] Howard, S. und Roberts, S.; Moralpanik, Televizion 12/1999/2, S. 26, Sp. 3, Z. 6-8.

[59] Dr. Götz, M., Begeisterung bei den Kindern, Televizion 12/1999/2, S. 62, Sp. 3, Z. 23-24.

[60] Großerichter, B.; Merchandising – Ein Muß für Qualitätsprogramme ?, Televizion 13/2000/1, S. 8, Sp. 1, Z. 38-39.

[61] Ebd., S. 8, Sp. 3, Z. 13-14.

[62] Buckingham, D.; Verwischte Grenzen, Teletubbies und Kindermedien, Televizion12/1999/2, S. 9, Sp. 2, Z. 11ff.

[63] Großerichter, B., Merchandising – Ein Muß für Qualitätsprogramme ?, Televizion 13/2000/1, S. 8, Sp. 3, Z. 23-27.

[64] Ebd., S. 9, Sp. 2, Z. 10-14.

[65] Schäfer, A.;Ohne Tabuverletzung geht es nicht, Televizion 12/1999/2, S.6, Sp. 3, Z. 51-54.

[66] Ebd., S.7, Sp. 1, Z. 3-4.

[67] Buckingham, D.; Verwischte Grenzen, Televizion 12/1999/2, S. 10, Sp. 1, Z. 11-14.

[68] Dr. Götz, M., Begeisterung bei den Kindern, Televizion 12/1999/2, S. 57,Grafik 1.

[69] Ebd., S. 57 und Grafik 1 und 2.

[70] Ebd., S.57, Sp. 3, Z. 24-25.

[71] Schönwälder, J., Sind die Teletubbies für kleine Kinder bedenklich ?, Spielen und Lernen, 1/00, S. 30, Sp. 3. Z. 11-18.

[72] Schönwälder, J., Sind die Teletubbies für kleine Kinder bedenklich ?, Spielen und Lernen, 1/00, S. 30, Sp. 3. Z. 11-18.

[73] Dr. Götz, M., Begeisterung bei den Kindern, Besorgnis bei den Eltern, Televizion 12/1999/2, S. 55-56.

[74] Ebd., S. 58, Sp. 1, Z. 35-39.

[75] Ebd., S. 58, Sp. 1, Z. 55-58.

[76] Ebd., S. 58, Sp. 2, Z. 25-28.

[77] Heim, Uta-M., Programmiert glücklich, Der Tagesspiegel, 08.12.1999, S. 39, Sp.3, Z. 27-28.

[78] Ebd., S. 39, Sp. 3, Z. 47-49.

[79] Schönwälder, J., Sind die Teletubbies für kleine Kinder bedenklich ?, Spielen und Lernen, S. 30, Sp. 2, Z. 22-24.

[80] Arnus, Titus, Interview mit Anne Wood, Gegengift zur Dauer-Action, Der Spiegel, 9/2000, 28.02.2000, S. 128, Sp.1, Z. 5 ff.

[81] Groebel, Jo, Familie und Co. Rubrik „Unterhaltung und etwas lernen", S. 12, Z. 8, Ungekürzter Artikel aus www. Evita\contra\ Teletubbies\html. 28.08.2000.

[82] Ebd., S. 12, Z. 9.

[83] Banze, Sonja, Geldmaschine Teletubby, Hamburger Abendblatt,

11.12.1999, Sp. 1, Z. 76-82.

[84] Dr. Götz, M., Begeisterung bei den Kindern. Televizion 12/1999/2, S. 58, Sp. 2, Z. 25-28.

[85] Heim, Uta-M., Programmiert glücklich, Der Tagesspiegel, 08.12.1999, S. 39, Sp. 3, Z. 27-28.

[86] Ebd., S. 39, Sp. 3, Z. 46-49.

[87] Arnus, Titus, Interview mit Anne Wood, Gegengift zur Dauer-Action, Der Spiegel, 9/2000, 28.02.2000, S. 128, Sp. 2, Z. 12-13.

[88] Dr. Götz, M., Begeisterung bei den Kindern, Besorgnis bei den Eltern, Televizion, 12/1999/2, S. 55, Sp. 1, Z. 4-8.

[89] Groebel, Jo, in Familie und Co. Rubrik „Unterhaltung und etwas lernen", S. 12, Z. 8-8.

[90] Ebd., S. 12, Z. 8-9.

[91] Höller, C. und Müller, S., Ah oh – jetzt ist Teltubbies-Zeit, Televizion, 12/1999/2, S. 51, Sp. 3, Z. 36.

[92] Ebd., S. 51, Sp. 3, Z. 42-46.

[93] Dr. Götz, M., Begeisterung bei den Kindern, Besorgnis bei den Eltern, Televizion, 12/1999/2, S. 58, Sp. 1, Z. 55-58.

[94] Höller, C. und Müller, S., Ah oh – jetzt ist Teltubbies-Zeit, Televizion 12/1999/2, S. 52, Sp. 2, Z. 37 ff.

[95] Dr. Götz, M., Begeisterung bei den Kindern, Besorgnis bei den Eltern, Televizion, 12/1999/2, S. 56, Sp. 1, Z. 19-24.

[96] Prof. Dr. Struck, Peter, in Familie und Co., Rubrik „Babysprache hat ihre Vorteile", S. 11. Z. 58-58, S. 12, Z. 1-1,.

[97] Schönwälder,J., Sind die Teletubbies für kleine Kinder bedenklich?, Spielen und Lernen, S. 30, Sp. 2, Z. 22-24.

[98] Dr. Götz, M., Begeisterung bei den Kindern, Besorgnis bei den Eltern, Televizion 12/19992. S. 58, Sp. 2, Z. 25-28.

[99] Nickel, H., u. Schmidt-Denter, U., Vom Kleinkind zum Schulkind, Reinhardt, 1991, 4. Auf. S. 121, Z. 18-19.

[100] Ebd., S. 126 ff.

[101] Ebd., S. 80, Z. 7-11.

[102] Ebd., S. 81, Z. 6-9.

[103] Ebd., S. 82, z. 31-36.

[104] Ebd. S. 83, Z. 12-13.

[105] Belardi, N. (Hrg.), Didaktik und Methodik Sozialer Arbeit, Bd. 4, Frankfurt. 1. Auf., 1980, S. 9, Z. 14-16.

[106] Ebd. S. 9, Z. 19-20.

[107] Höller, C. und Müller, S. Ah-oh – jetzt ist Teletubbies-Zeit, Televizion, 12/1999/2, S. 52, Sp. 1, Z. 16 ff.

[108] Prof. Groebel, Jo, in Familie und Co. Rubrik „Unterhaltung und etwas lernen", S. 12, Z. 8.

[109] Arnu, Titus, Interview mit Anne Wood, Gegengift zur Dauer-Action, Der Spiegel, 9/2000, 28.02.2000, S. 128, Sp. 3, Z. 42-49.

[110] Metzger, D., Krulle, S., Ruzas, S.,Die Schnuller Soap, Focus, 8/2000, S. 293, Sp.2, Z. 13-20.

[111] Dr. Götz, M., Begeisterung bei den Kindern, Besorgnis bei den Eltern, Televizion, 12/1999/2, S. 60, Sp. 2, Z. 31-35.

[112] Gangloff. Alle Welt liebt die bunten Bäuchlinge, in Kinder Jugend Film, 20/1999/4, Nr.8/4`99, S. 47, Z. 44-48.

[113] Höller, C. und Müller, S. Ah-oh – jetzt ist Teletubbies-Zeit, Televizion, 12/1999/2, S. 52, Sp. 2, Z. 37 ff.

[114] Manfe, M., Faszination oder Schreckgespenst, Teletubbies auf dem Weg zum Kultprogramm, Welt des Kindes, 1/2000, S. 5,Sp. 2, Z. 50-52 und Sp. 3, Z. 1-3.

[115] Autor unbekannt, Auszug aus einem Artikel in Familie und Co. (6/99), S. 11, Z. 19

[116] Autor unbekannt, in Wieso, warum, weshalb, vielleicht findet ihr hier eine Antwort, S. 1, Z.

[117] Heim, Uta-M., Programmiert glücklich, Der Tagesspiegel, 08.12.1999, S. 39, Sp. 3, Z. 29-32.

[118] Ebd., S. 39, Sp. 3, Z. 36-40.

[119] Manfe, M., Faszination oder Schreckgespenst. Welt des Kindes, S. 5, Sp. 2, Z. 32 ff.

[120] Höller, C. und Müller, S. Ah-oh – jetzt ist Teletubbies-Zeit, Televizion, 12/1999/2, S. 52, Sp. 2, Z. 37 ff.

[121] Manfe, M., Faszination oder Schreckgespenst.Welt des Kindes, S. 5, Sp. 1, Z. 18-25.

[122] Ravensburger Buchverlag Otto Maier GmbH, Gesamtverzeichnis 2000. Das Pappbilderbuch Teletubbie „ Gute Nacht, liebe Freunde", S. 8-9.

[123] Teletubbies – Magazin, Sommer-Special 2/2000, Panini Verlag. Die Bauchgeschichte unter dem Titel, Komm und schau...., Ein leckerer Eisbecher, S. 18-19.

[124] Quelle Katalog, Ausgabe Herbst/Winter 2000, S. 966.

[125] Nachweis unbekannt.

[126] Panini Magazin, Sommer-Special 2/2000. Rückumschlag, S. 32.

[127] Vergleich aus dem Quelle Katalog, Herbst/Winter 2000, S. 966.

[128] Teletubbies – Magazin, Sommer-Special 2/2000, Panini Verlag. Die Bauchgeschichte unter dem Titel, Komm und schau...., Ein

leckerer Eisbecher, S. 18-19.

[129] Alle Angaben beziehen sich auf;

1. Banze, S., Geldmaschine Teletubby, Hamburger Abendblatt, 11.12.1999, Sp.2, Z. 56-58.

2. Gangloff. Alle Welt liebt die bunten Bäuchlinge, Kinder Jugendfilm Korres. 20/1999/4, Nr. 80/4`99, S. 48. Z. 21-23.

3. Buckingham, D., Verwischte Grenzen, Teletubbies und Kindermedien, Television 12/1999/2, S. 9, Sp. 2, Z. 19-24.

4. Assheuer, Th., Wer hat Angst vor den Teletubbies, DIE ZEIT, S. 41, Sp. 1, Z. 9-19.

5. Autor unbekannt, Baby World, Teletubbies auf großer Fahrt, Das Spielzeug, 8/99, S.52, Sp. 2, Z. 10-11.

6. Anhang, Teletubbies Magazin, Panini Verlag, Sommer-Special 2/2000, S. 32.

7. Kopie, Ravensburger Spieleverlag GmbH, Schau mal rein, S. 34-35. und Ravensburger Buchverlag Otto Maier Verlag GmbH, Gesamtverzeichnis 2000, S. 8-9.

[130] Gerke-Reinike, Judith, Geklonte Medien. Münster, Lit, 1995, S. 99, Z. 10 ff.

[131] Ebd., S. 111, Z. 5 ff.

[132] Dr. Götz, M., Begeisterung bei den Kindern, Besorgnis bei den Eltern, Televizion 12/1999/2, S. 58, Sp. 2, Z. 29 ff.

[133] Rogge, Jan-Uwe, Kinder können Fernsehen, Rowohlt, Hamburg, 1990, S. 30, Z. 47 ff.